OLGA REYES-BUSCH

Happy Halloween

KÜRBISSCHNITZEN • REZEPTE • DEKO
MIT GRUSELFAKTOR

BLOOM'S

Inhalt

Rezepte

Getränke

Suppen

Fingerfood / Snacks

Kürbiszeit auf dem Kürbishof

Eigentlich faszinierte mich immer schon das Thema Halloween mit seinem Kürbisschnitzen, dem gruseligen Partyfeiern und der Freude am Skurrilen, Schrägen und Ausgelassenen. Aber erst die Zusammenarbeit mit dem Kürbishof Ligges und meiner Freundin, der Kürbisexpertin Ute Ligges, hat mich zur Schnitz-Hexe gemacht, als die ich jedes Jahr hier meine Leidenschaft auslebe.

Alljährlich ist der Kürbishof Ligges im westfälischen Kamen Anlaufstelle für alle, die die große Herbstbeere lieben. Ute und ihre ganze Familie, allen voran ihr Mann, ihre Kinder, die Schwiegereltern und ihre eigenen Eltern, verwandeln den alteingesessenen Traditionshof in der Nähe von Dortmund zu einem Mekka der Kürbisfans. Über 200 Sorten der großen Frucht, die im Laufe des Sommers auf den umliegenden Feldern reifen, werden hier angeboten. Köche aus der Region bieten dann neue und leckere Kürbisrezepte zum Probieren an. Und natürlich locken auch die vielen Angebote zum kreativen Umgang mit dem Kürbis viele Menschen aus Nah und Fern in der Herbstzeit hierher. Ob Kinder, ganze Schulklassen oder gar Erwachsene, die Landfrauenvereinigungen oder einfach eine Kegelgruppe, sie alle finden zunehmend mehr Spaß auch an dem Schnitzen der Riesenbeere. Das Fieber schwappte vor ein paar Jahren aus Amerika kommend auch über uns hinweg. Das Ausmaß der entsprechenden Halloween-Accessoires, Gebräuche und Handhabungen kennt seitdem kaum mehr Grenzen. Das hat das mittlerweile nun auch bei uns eingebürgerte Fest zum Teil schnell wieder in Verruf gebracht. Doch wer sich die netten Seiten des Halloween-Treibens heraussucht, sich mit der Entstehung und Geschichte dieses Brauchs auseinandersetzt, wird sicherlich auch daran gefallen finden können. Denn es müssen ja nicht zwangsläufig furchterregende Fratzen sein, die sich aus dem Kürbis schnitzen lassen. Auch als freundlich dreinblickende Gesichter oder mit fantasievollen Mustern versehen, erfreuen die „Kürbisköppe" kerzenerleuchtet die länger und dunkler werdenden Herbstabende rund um den 31. Oktober.

Und wer so erst einmal auf den Geschmack gekommen ist, hat vielleicht auch Lust, gleich ein ganzes Halloweenfest zu veranstalten, mit seiner Familie, lieben Freunden, Nachbarn und sonstigen Gästen.

Dieses Buch soll Euch deshalb nicht nur meine Lieblings-Kürbisschnitzideen zeigen, sondern auch die Welt des Halloweenfeierns ein Stück näherbringen. Viele Rezepte basieren auf Kürbissen. Sie schmecken köstlich, haben sich aber in ihrem Auftreten ganz halloweenmäßig angepasst. Dabei sind auch meine Lieblings-Drinks. Lasst Euch nicht vom ersten Anblick abschrecken – sie schmecken allesamt nach mehr!

Und nun wünsche ich Euch viel Spaß dabei, Halloween für Euch selbst zu entdecken.

Eure Schnitzhexe Olga

'White Heaven'
'Table Ace'
'Tetsukabuto'
'Shokichi Shiro Red'
Halloweenkürbis
'Patission'
'Butternut'
'Kikuza'
'Heart of Gold'
'Hokkaido'
'Snowball'
'Golden Delicious'
'Crasperita'

Kürbis „Die Halloween-Frucht"

DIE BESTEN KÜRBISSE

Halloween ohne Kürbisse geht nicht! Ob als geschnitzte Dekoration oder Bestandteil der vielen köstlichen Gerichte, diese herbstliche Riesenbeere gehört in vielfältiger Weise und Verarbeitung einfach zu diesem Event. Manche Kürbissorten, vor allem viele orangefarbene, sind idealerweise zum Schnitzen geeignet. Am liebsten nutze ich dann das beim Aushöhlen eines Kürbisses anfallende Fruchtfleisch gleich für meine Gerichte, deren Rezepte Ihr in diesem Buch vorfindet. Die hier abgebildeten Sorten und viele, viele Sorten mehr, findet Ihr auf dem Kürbishof Ligges.

Zum reinen Schnitzen sind am besten geeignet:
in Orange: *'Baby Bear', 'Field Trip', 'Harvest Princess', 'Mystic', 'Racer'* **und in Weiß:** *'Snowball'*.

Für die Kürbisgerichte, die ich nachfolgend in diesem Buch vorstelle, sind folgende Speisekürbisse unter anderen bestens geeignet: *'Butternut', 'Delicata', 'Fairytale', 'Futsu Black Rinded', 'Golden Delicious', 'Heart of Gold', 'Hokkaido', 'Marble', 'Monarch', 'Puccini', 'Sampson', 'Shokichi Shiro Grey', 'Small Wonder', 'Star', 'Stripetti', 'Surcine du Berry', 'Sweet Meat', 'Table Ace', 'Tesukabuto', 'Rocket'*. Doch auch viele andere Kürbissorten eignen sich für Eure Koch- und Backkünste, fragt einfach auf Eurem Kürbishof nach.

Kürbisschnitzen für Jung und Alt

DAS MACHT EINFACH SPASS!

Egal, ob man begabt, handwerklich geschickt oder eben nicht ist, das gemeinschaftliche Miteinander und fröhlich-kreative Beisammensein wird schnell die Generationen verbinden. Und jeder wird sich anschließend über das Ergebnis seiner Arbeit freuen, egal ob er sich für ein Fratzengesicht oder ganz andere Motive entschieden hat.

1. Schritt:

Das Aushöhlen

Habt Ihr Euch einen Kürbis ausgesucht, stellt Ihr diesen vor Euch hin und schneidet unten ein Loch hinein. Nun könnt Ihr den Kürbis aushöhlen, zunächst mit dem Spatel, aber auch mit der Hand. Dabei wird das weiche, faserige und von Kernen durchsetzte Fleisch herausgeholt. Bei dickeren Kürbissen müsst Ihr dann auch von innen die festere Fruchtfleischwandung abkratzen, um Euch das spätere Schnitzen zu erleichtern. Die Kürbishülle sollte daumendick stehenbleiben.

1. Als erstes am Kürbisboden ein faustgroßes Loch aufzeichnen und ausschneiden.

2. Mithilfe des Spatels den Ausschnitt heraushebeln.

Und los geht's!

WICHTIG IST DAS RICHTIGE SCHNITZWERKZEUG.

Wir haben dazu auf dem Kürbishof Ligges ein spezielles Werkzeugset aus Hartkunststoff produziert, das Euch das Arbeiten erleichtert. Es besteht aus einem Anzeichner, einem Spatel und zwei Sägen, einer feineren und einer gröberen.

Bevor Ihr mit dem Schnitzen beginnt, solltet Ihr Euch überlegen, welches Motiv Ihr in die große Frucht schnitzen wollt. Anregungen bekommt Ihr über dieses Buch, aber auch übers Internet. Nun sucht Ihr Euch den passenden Kürbis aus: Soll der groß sein oder eher klein? Rund oder eher flach? Manchmal beeinflusst auch die Wuchsform der Riesenbeere das, was Ihr daraus macht.

Entscheidet Ihr Euch für ein Fratzengesicht, müsst Ihr noch überlegen, ob der Kürbisstiel gleichzeitig auch die Nase sein soll. Das ist der sogenannte Nasenkürbis. Aber dazu mehr auf Seite 015.

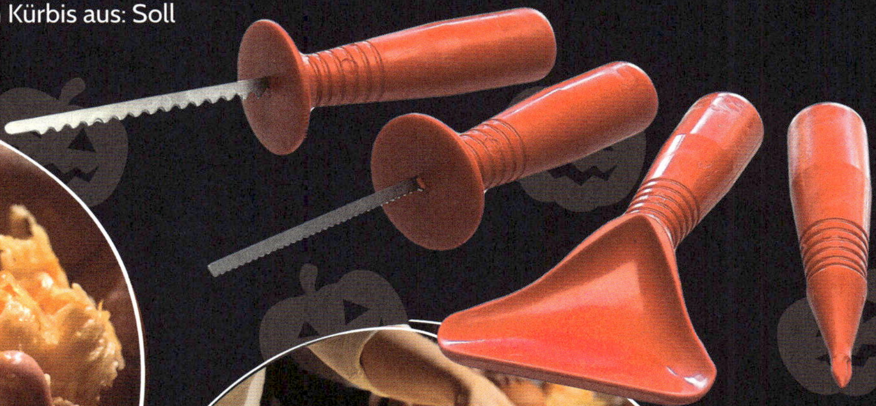

4. Manchmal geht das schneller, wenn man beherzt mit der Hand hineingreift und baggert.

5. Das faserige Fleisch in einer Schüssel sammeln und anschließend auf dem Kompost entsorgen.

3. Dann mit dem Spatel das weiche, faserige und von Kernen durchsetzte Fruchtfleisch herausholen.

2. Schritt:

Das Anzeichnen

Nun wird zunächst mit dem Anzeichner markiert, wo die Augen, die Nase, der Haarschopf, der Mund, die Zähne usw. sein sollen. Das gilt auch für Motivkürbisse, deren Muster Ihr ebenfalls vorzeichnen solltet. Wer erfahrener im Schnitzen ist, kann später diesen Schritt des Vorzeichnens überspringen und direkt mit dem Schnitzen bzw. Aussägen beginnen.

7. Mit der groben Säge vorsichtig einstechen und an der angezeichneten Linien entlang sägen.

6. Mit dem Anzeichner nun die Konturen anzeichnen.

8. So mit allen Bereichen verfahren.

9. Herausgeschnittene Bereiche von innen nach außen entfernen.

3. Schritt:

Das Ausschnitzen

Sind die Bereiche so markiert, werden sie mit den Sägen ausgeschnitten. Mit der gröberen Säge werden die größeren Teile, mit der feineren die kleineren entfernt. Außerdem dient die feinere Säge zum Nachfeilen und Säubern der Schnittkanten. Wer die Fläche nicht gänzlich durchgesägt haben möchte, beispielsweise um Zähne im Mund, den Augapfel, Haarsträhnen – eben tiefer gelegte Muster und Flächen – zu erzeugen, entfernt nur die äußere, feste Kürbisschale und lässt ein Teil des darunterliegenden Fruchtfleisches stehen. Dies ergibt wunderbare Effekte im Zusammenhang mit der späteren Beleuchtung von innen.

10. Gegebenenfalls mit der feinen Säge noch die inneren Fruchtfleischkanten abrunden und säubern.

11. Für halbtransparente Bereiche wird mithilfe einer Metallschlaufe nur die oberflächliche Kürbisschale abgeschabt.

12. So lassen sich ganze Flächen mit unterschiedlicher Tiefe erstellen ...

13. ... oder Zähne wie bei diesem Nasenkürbis.

14. Für eine längere Haltbarkeit des geschnitzten Kürbisses am besten immer, das heißt dauerhaft, eine Kerze darin brennen lassen. Alle anderen Konservierungsversuche, über Spray, Wachs etc., sind den Aufwand hinsichtlich ihrer Umweltbelastung und des Geldes nicht wert.

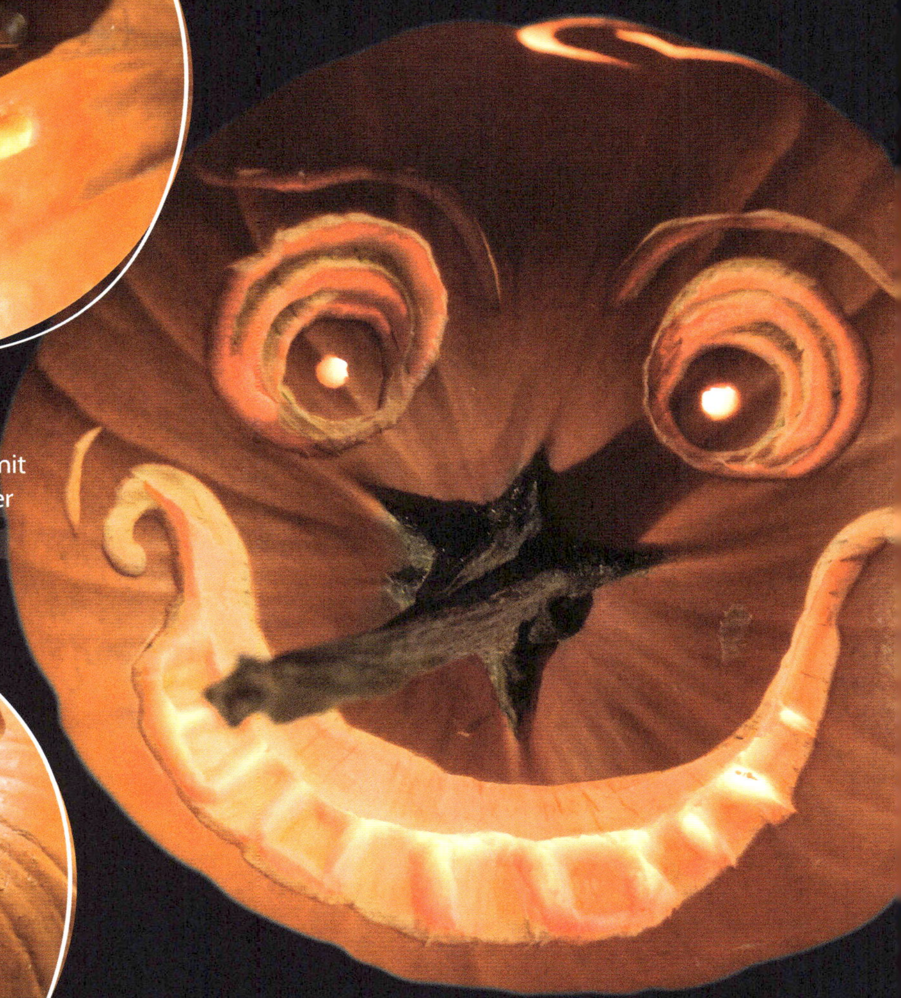

Für Profis:

Der Nasenkürbis

Wer den sogenannten Nasenkürbis wählt, bei dem der meist leicht gekrümmte Stielansatz der Kürbisfrucht bereits die Nase bildet, muss als erstes den Kürbis auf die Seite legen, die untere Fläche abkappen und von dort aus den Kürbis aushöhlen. Dieses Aushöhlloch bildet später die Standfläche, der Kürbis wird also über eine Kerze gestülpt. Gegenüberliegend auf dem Kopf des Nasenkürbisses müssen nun noch zwei Löcher eingebohrt werden, damit später die Kerzenwärme entweichen kann.

Die Geschichte von Halloween

Und wie Halloween bei uns Einzug hielt

Na, was glaubst Du? Wie lange gibt es schon Halloween?

Ich gebe Dir einen Moment, um darüber nachzudenken und ich muss sagen, dass über 90 Prozent aller Befragten die falsche Antwort gaben.

Schon vor über 2500 Jahren feierten die Kelten, die heutigen Iren, zum Ende des Sommers ein großes Fest Namens Samhain, den Ursprung von Halloween. Der Monatswechsel von Oktober in den November spielte in der Zeit eine wichtige Rolle. Dieser Übergang markiert das keltische Jahresende-Fest und entsprach dem Sonnenkalender, der das Jahr in vier wichtige Abschnitte unterteilte. Glaubt man den Sagen, hat man an Samhain Zugang zu den Wesen der anderen Welt, die Tore des Elfenhügels stehen weit offen. An diesem Tag können die Seelen der Verstorbenen ungehindert zurück auf die Welt strömen und in ihre Häuser zurückkehren.

Früher entfachten die Kelten in jener Nacht große Bonefire, also Knochenfeuer, um ihren Verstorbenen heimzuleuchten und ihre Häuser zu bescheinen, jedoch auch, um sich vor den heimatlosen Seelen und Geistern zu schützen. Von ihnen war nichts Gutes zu erwarten, sie spukten durch die Nacht, erschreckten friedliche Menschen und trieben Schabernack mit ihnen.

Im Laufe der Jahre kamen jedoch so viele Häuser hinzu, dass nicht jedes Haus beleuchtet war. So entstand der Brauch, ein Licht vor seine Tür zu stellen. Doch wer nun glaubt, der Kürbis hatte seinen großen Auftritt, hat weit gefehlt. Es gab zu der Zeit gar keine Kürbisse in Irland. Damals nahm man noch Runkelrüben, die man mühselig als Windlicht aushöhlte.

Doch wie kommen wir nun zum Namen Halloween, zu unseren Kürbisgeistern und wie und wann kam das Fest überhaupt zu uns nach Deutschland?

Nun, zirka 800 Jahre nach Christus ernannte der Papst den 1. November, also den Tag nach Samhain, zum Feiertag „Allerheiligen", an dem der christlichen Märtyrer gedacht wird. Im Zuge der Christianisierung wurden alle heidnischen Feste verboten und so verschwand der Ausdruck Samhain und wurde durch den Ausdruck „der Abend vor Allerheiligen", also „all hallows eve", ersetzt. Im Laufe der Zeit wurde der Ausdruck so verschliffen, dass daraus das Wort Halloween wurde.

Um zu unseren geliebten Kürbissen zu gelangen, müssen wir nochmal einen großen Zeitsprung machen. Denn vor allem die Auswanderungswelle der Iren ab 1840 in die USA trug maßgeblich dazu bei, dass Halloween in den USA populär wurde. Von der grünen Insel brachten sie auch die Tradition des Schnitzens von Rübenlaternen mit in die neue Welt. Im amerikanischen Kürbis fanden sie allerdings schnell eine weitaus geeignetere Frucht. Wie herrlich war es, gruselige Gesichter hinein zu schnitzen!

Daran, dass Halloween nach Deutschland kam, ist skurriler Weise der Golfkrieg im Jahr 1990/1991 mit verantwortlich. In fast allen Städten wurden aus Pietätsgründen die Karnevalsumzüge abgesagt. Jedoch nicht aus Solidarität, sondern aus rein ökonomischen Gründen, fasste der Brauch damals bei uns Fuß. Großunternehmer der Spielwarenindustrie, aus dem Bereich Karneval, trugen maßgeblich dazu bei. Die Großhändler blieben auf ihrer Ware sitzen und suchten nach Ersatz. Durch geschickte massive Werbung und Medienarbeit machten sie 1991 Halloween populär, mit nachhaltigem Erfolg.

Heute ist Halloween eine Mischung aus unterschiedlichen religiösen und folkloristischen Bräuchen und Ritualen geprägt von Medien und Profitgier. Für mich bedeutet Halloween das Ende des Sommers, die Dankbarkeit, das Mystische und die Erinnerung der Vergänglichkeit durch das Gedenken an die Toten.

Vielleicht ist es für Euch auch nur ein herrliches Fest, um sich mal so richtig zu gruseln?

Jack O'Lantern

frei nach Hexe Olga erzählt

Es war einmal am 31. Oktober vor vielen, vielen Jahren, als der Teufel sich überlegte, eine keltische Seele in die Hölle zu holen. Er schaute sich eine Weile um und dann sah er ihn; Jack. Jack war ein Tunichtgut, ein Taugenichts, ein Tagedieb, der den Bauern das Gemüse vom Felde stahl und sich ein paar Münzen erbettelte, die er abends in der Kneipe in Bier verwandelte.

So tauchte in jener Nacht der Teufel an der Theke auf, um seine Seele in die Hölle zu holen. Jack aber sprach: „Einen letzten Wunsch, einen letzten Wunsch wirst du mir doch noch gewähren." Der Teufel wartete und Jack sprach: „Ich möchte nicht mit Schulden in die Hölle fahren, zahl' du mein letztes Bier." Der Teufel hatte keine Taschen und so verwandelte er sich in eine Münze. Jack war zwar ein Tunichtgut, ein Tagedieb, ein Taugenichts, aber er war nicht dumm und so nahm er die Münze, steckte sie in seinen Geldbeutel, wo er ein Kreuz hatte und nahm den Teufel dadurch gefangen. Ein Jammern kam aus dem Geldbeutel und Jack schaffte es, dem Teufel das Versprechen abzunehmen, ihn ein Jahr in Ruhe zu lassen und sollte er sich bessern, ihn gar nicht zu holen.

Ein Jahr geht schnell vorüber, gute Vorsätze noch viel schneller. Wen wundert es, als ein Jahr später der Teufel Jack holen wollte, diesmal auf dem Felde. Jack stammelte vor sich hin und meinte: „Aber einen letzten Wunsch, einen letzten Wunsch wirst du mir doch noch gewähren." Der Teufel, etwas schlauer geworden, hörte sich den Wunsch an, um dann zu entscheiden. Jack zeigte hoch oben auf einen Apfel am Baum und sprach: „Ich möchte nicht hungrig in die Hölle fahren. Hol` du mir den letzten Herbstapfel. Er ist so hoch oben, ich komme nicht daran. Der Teufel konnte keine List entdecken und so kletterte er den Baum hinauf. Jack aber nahm sein Taschenmesser, ritzte einen Kreuz in den Baum und hatte den Teufel abermals gefangen. Ein Wehklagen lag über dem Land. Der Teufel hätte seine Großmutter verkauft, um wieder herunter zu kommen und so schaffte es Jack, ihm das Versprechen abzunehmen, ihn niemals zu holen. Als er dieses hatte, entfernte er das Kreuz und der Teufel entschwand wutentbrannt.

Viele Jahre später, wen wundert es, am 31. Oktober, kam Gevatter Tod und nahm Jack mit sich, als er eine gestohlene Rübe aß. Die Rübe noch in der Hand, macht er sich auf zum Himmelstor. Dort lachte man ihn aus und schickte ihn zu Hölle. Unten angelangt, klopfte er an das Höllentor und der Teufel tat ihm auf. Dieser staunte nicht schlecht und fragte, was er hier wolle, schließlich habe er ihm versprochen, ihn niemals zu holen und „niemals" schließe die Ewigkeit mit ein. Nun war es an Jack zu jammern, zu flehen, zu bitten und zu betteln. Es sei doch so bitter kalt und er wüsste nicht wohin, gefangen zwischen Tag und Nacht, zwischen Himmel und Erde. Diesmal hatte der Teufel ein wenig Mitleid und schenkte Jack ein immerwährendes, glühendes Stück Kohle aus dem Höllenfeuer. Dies aber war so heiß, dass Jack es in seiner ganzen Not in die halb ausgehöhlte Rübe steckte. Fortan fliegt er in den kalten Nächten als kleines Irrlicht über die Felder von Irland und immer, wenn die Kinder die Lichter tanzen sehen, rufen sie laut: „Ein kleines Licht, ein großer Wicht, werden wie Jack, das will ich nicht!" Happy Halloween!

FEIERN IN ORANGE

HAPPY HALLOWEEN

Pick your poison

Pfirsichsekt mit Prozenten

Wer's lieber nullprozentig mag, der nimmt statt normalen Sekt einfach alkoholfreien. Und damit hier das erfrischende, prickelnde Getränk wie ein heißes, dampfendes Gesöff wirkt, an dem man sich die Zunge verbrennen könnte, haben wir Trockeneis hineingetan. Ihr werdet sehen, Eure Gäste werden erst ganz vorsichtig nippen und dann erstaunt sein über den ganz anderen Geschmack!

Das braucht ihr

Für den Sekt

1 Dose Pfirsiche

1 Flasche Sekt

Für die Dekoration

Trockeneis

So wird's gemacht

Die Pfirsiche zusammen mit ihrem Saft in einem Gefrierbeutel einfrieren. Dann die gefrorenen Pfirsiche mit einem leistungsstarken Mixer pürieren und Sekt hinzufügen. Sofort in Gläser füllen und servieren.

Für die Dekoration ein winziges Stückchen Trockeneis auf jedes Glas geben. Aber Vorsicht! Unbedingt nur mit einer Zange arbeiten und Handschuhe tragen! Außerdem das Trockeneis erst verrauchen lassen, bevor getrunken wird! Am besten mittels eines Trinkhalmes. Denn bei direkter Berührung mit dem Trockeneis verbrennt man sich sonst den Mund!

Getränkebar

Für Gerippe, Gespenster, Hexen und Tunichtgute: Die Bar ist eröffnet! Köstlichkeiten wie schleimige, an Hexenmilch erinnernde Shakes oder wie aus dem Hexenkessel stammende und mit Krötenlaich und Zauberspucke gekochte Getränke bietet Mundschenk Trautegott an. Doch keine Angst: Für jeden ist was dabei, mit und ohne Alkohol. Schaut und probiert selbst!

Gespensterschaum

Marshmellow-Milkshake

Das braucht ihr

Für den Shake (4 Portionen)

150 ml Milch

100 ml Sahne

1 EL Vanillepuddingpulver

1 TL Zucker

40 g weiße Schokolade

1 Tropfen orangefarbene Lebensmittelfarbe

Für die Dekoration

4 Marshmellows in Gespenstform

So wird's gemacht

In einem Topf die Milch mit der weißen Schokolade, Lebensmittelfarbe und dem Zucker erwärmen bis die Schokolade schmilzt. Gut verrühren und das Puddingpulver langsam einrühren. Die Schlagsahne schaumig rühren und langsam in die nicht mehr ganz heiße Vanillemilch geben und unterrühren. In ein beliebiges Glas gießen, mit einem Marshmallow-Geist verzieren und warm genießen.

Huibuuh,

das Schlossgespenst höchstpersönlich empfiehlt sich allen Unerschrockenen. Ein bisschen Gespensterspuke und als Absender das Gestalt angenommene Porträt – fertig ist der Shake, mit dem Ihr abheben werdet! Er ist ganz einfach zubereitet.

Spiderweb

Kürbissuppe

Das braucht ihr

Für die Suppe (6 Portionen)

800 g Kürbisfleisch, z. B. von 'Butternut' oder 'Muscade de Provence'

400 g geschälte Tomaten aus der Dose

1 Zwiebel

1 Knoblauchzehe

250 ml Wasser

5 cm Ingwerwurzel

2 EL Butter

1 l Gemüsebrühe

500 ml Kokosmilch

Salz, Cayennepfeffer

1 TL Paprikapulver

1TL Currypulver

Für die Dekoration

200 ml Kürbiskernöl

So wird's gemacht

Kürbis, Ingwer, Knoblauch und Zwiebel schälen, würfeln und in Butter andünsten. Mit der Hälfte der Gemüsebrühe aufgießen und in etwa 15 bis 20 Minuten weich kochen. Die geschälten Tomaten mit der restlichen Gemüsebrühe dazugeben und alles sehr fein pürieren. Die Kokosmilch unterrühren, alles würzen und noch mal aufkochen. Auf Suppenteller geben. Für die Dekoration Kürbiskernöl in einer Kunststoffspritze aufziehen und damit auf der Suppenoberfläche ein Spinnennetz aufzeichnen.

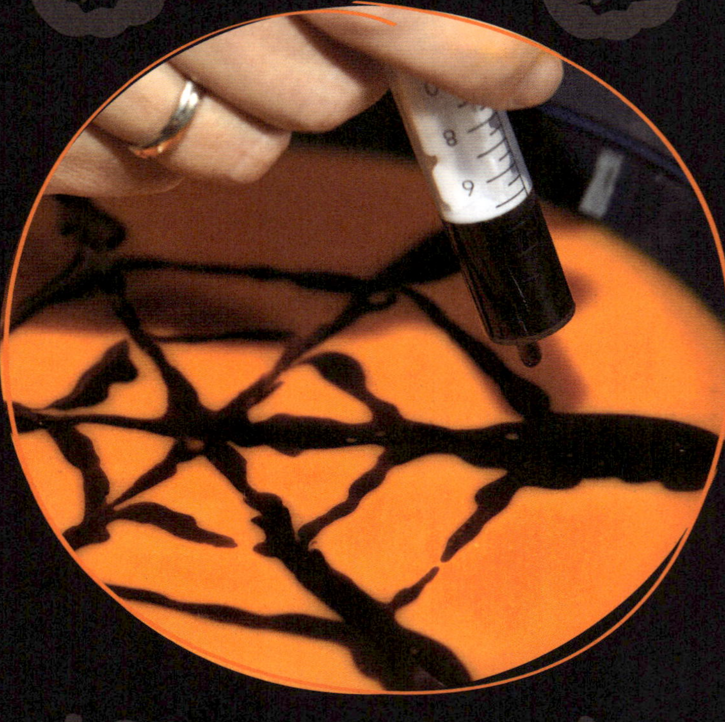

Wer hier die Suppe als erster auslöffelt, bekommt Nachschlag. Und das Beste daran, das Spinnennetz könnt Ihr mitessen und ist super gesund! Denn es wird mithilfe einer Spritze und dunklem, leckerem Kürbiskernöl aufgemalt. Ihr werdet sehen, Ihr könnt gar nicht so schnell das Netz aufmalen, wie Euch Eure Halloweengäste die Suppe weglöffeln.

Halloweens Blüten

Kürbis-Kartoffelbrötchen mit Kürbisbutter

DAS BRAUCHT IHR

Für den Teig (ca. 10 Stück)
200 g Kürbisfleisch (Sorte 'Hokkaido')
100 g mehligkochende Kartoffeln
200 ml Buttermilch
½ Würfel Hefe
1 TL Zucker
2 EL Olivenöl
3 EL warmes Wasser
600 g Mehl
2 TL Salz

SO WIRD'S GEMACHT

Die Kartoffeln schälen, den Kürbis klein schneiden und ca. 8 Minuten in Salzwasser kochen. Dann abgießen, abtropfen lassen und stampfen.

Hefe und Zucker mit dem Wasser verrühren. 10 Minuten gehen lassen. Mit Kürbis-Kartoffel-Stampf und Mehl vermengen. Salz, Öl und Buttermilch unterkneten. Den Teig abgedeckt 30 Minuten gehen lassen.

Ein Blech mit Backpapier belegen. Den Teig in 10 gleich große Stücke teilen. Jeden Teigling zu einer kleinen Kugel formen und leicht flach drücken. Die Kugel je mit einem langen Stück leicht geöltem Küchengarn mehrfach locker über Kreuz umwickeln, sodass sie ein kürbisartiges Aussehen bekommt. Dann die Kugeln aufs Blech setzen, abdecken und nochmals ca. 15 Minuten gehen lassen.

Inzwischen den Backofen auf ca. 200 °C Ober-/Unterhitze vorheizen. Die Brötchen ca. 25 – 30 Minuten backen. Aus dem Ofen nehmen und auskühlen lassen.

Kürbisbutter

250 g Kürbisfleisch, z. B. 'Hokkaido'
250 g Butter
½ TL Currypaste oder Currypulver
½ TL Kurkumapulver
½ TL Chiliflocken
2 Knoblauchzehen
ca. 1 cm Ingwer
1 EL Olivenöl
Salz, Pfeffer

Für die Kürbisbutter das Kürbisfleisch in etwas Salzwasser ca. 10 Minuten weichkochen, dann pürieren. Olivenöl erhitzen, Knoblauch, Ingwer, jeweils fein gehackt, sowie Gewürze dazugeben und leicht andünsten, dann den Topf vom Herd nehmen, das Kürbispüree und die weiche Butter hinzufügen. Alles gut vermengen, ggf. mit Salz und Pfeffer abschmecken und in ein gläsernes Deckelgefäß füllen.

Diese Brötchen zeigen direkt, was in ihnen steckt,

Nämlich ein Teig aus Kürbisfleisch! Das ist nicht nur gesund und lecker, es macht auch die Brötchen unwiderstehlich leicht und fluffig. Damit sie ihr kürbisähnliches Aussehen erhalten, werden mandarinengroße Teigklumpen viermal mit einem Backbindfaden umwickelt und dann verknotet. Später im Ofen plustert sich der Teig dann in den Zwischenräumen auf und bildet so die lustige, rosettenartige Kürbisform.

Powerbälle

Kürbisse mit Nussfüllung

Das braucht ihr

- 3 oder 4 kleine Kürbisse z. B. 'Delicata', 'Sweet Dumpling', 'Sweet Mama', 'Shokichi Red', 'Puccini', 'Golden Nugget'
- Salz, Pfeffer
- 3 Zwiebeln
- 3 Knoblauchzehen
- 200 g Nussmischung, z. B Mandeln, Walnüsse, Pistazien, Pinienkerne
- 2 EL Butter
- 2 Eier
- 100 g Vollmilchjoghurt
- 100 g geriebener Hartkäse
- 2 Stängel Salbei
- 250 ml Gemüsebrühe

So wird's gemacht

Kürbisse waschen, Deckel abschneiden und Kerne entfernen, dann von innen salzen und pfeffern. Zwiebeln und Knoblauch abziehen und in kleine Würfel schneiden.

Nüsse und Salbei hacken. In einer Pfanne die Zwiebeln mit dem Knoblauch in Butter glasig dünsten. Eier mit Joghurt, Salz und Pfeffer mischen. Käse, Nüsse, Zwiebeln und Salbei unterrühren und alles in die Kürbisse füllen.

Kürbisse in die Auflaufform setzen, ggf. mit geknüllter Alufolie vor dem Umkippen schützen und mit Brühe angießen. Im vorgeheizten Ofen bei 180 °C ca. 40 Minuten backen.

Lovely remembrance!

Diese Powerbälle geben großen und kleinen Geistern Kraft und Stärke – dank Tante Maikes wunderbarem Rezept aus Amerika!

Goldnuggets

Kürbis-Gnocchis mit Salbei-Butter

Das braucht ihr

Für die Gnocchis (4 Portionen)
ca. 700 g Kürbisfleisch
400 g mehlig kochende Kartoffeln
100 g Semmelbrösel
100 g Mehl
100 g Pecorino-Käse
3 Eigelb
etwas Olivenöl
Muskat
Salz, Pfeffer
auf Wunsch gewürfelter Speck
7 – 8 Salbeiblätter
Butter zum Braten

So wird's gemacht

Das Kürbisfleisch (wer keine Stücke von der Schale in den Gnocchis mag, muss diese vorher entfernen) in grobe Stücke schneiden, die Kartoffeln schälen und ebenfalls grob zerkleinern. Beides auf ein Backblech setzen, mit etwas Olivenöl beträufeln, mit Alufolie bedecken und bei 160 °C für 60 Minuten backen.

Anschließend beides mit einer Kartoffelpresse in eine Schüssel pressen.

Dann Eigelb, Mehl, Käse und Semmelbrösel dazugeben und mit Salz, Pfeffer und Muskat kräftig abschmecken. Aus dem Teig mehrere 2 cm dicke Würste formen und in 2 cm Breite abschneiden. Die Gnocchis auf die Schnittkante legen und mit einer Gabel das typische Muster einprägen. Dann in Salzwasser für 3 – 4 Minuten kochen, abseihen und in etwas Butter, ggf. mit Speck anbraten, zum Schluss Salbei dazugeben.

Teufelswerk

Na ja, ob die Köddelchen vom Teufel stammen, lässt sich nicht mehr nachverfolgen. Am Besten schnell aufessen, denn diese Goldnuggets schmecken köstlich!

Fledermaus-Invasion

Kürbisbrot mit Kürbisdip

Das braucht ihr

Für das Kürbisbrot

200 g Dinkelvollkornmehl

300 g Weizenmehl

250 g Kürbisfleisch, z. B. 'Hokkaido' oder 'Buttercup'

2 Päckchen Trockenhefe

2 TL Salz

2 EL Essig

150 g Kürbiskerne

400 ml warmes Wasser

Für den Kürbis-Dip

200 g Kürbisfleisch, z. B. 'Tetsukabuto', 'Buttercup', 'Delica' oder 'Bon Bon'

200 g Frischkäse mit oder ohne Kräuter

ca. 2 Knoblauchzehen

1 Chilischote

Salz

2 – 6 EL Crème fraîche

Außerdem

Plätzchenausstechform in Fledermaus-Motiv

So wird's gemacht

Für das Kürbisbrot das Kürbisfleisch raspeln. Dann lauwarmes Wasser mit der Trockenhefe anrühren und 20 Minuten gehen lassen. Zunächst die Mehle dazugeben und zu einem elastischen Teig kneten, dann die restlichen Zutaten zufügen, eventuell noch etwas Wasser. Teig in eine gefettete 30 cm lange Kastenform füllen und mittig einschneiden. Im vorgeheizten Ofen bei 200 °C ca. 55 Minuten backen.

Brot gut auskühlen lassen, am besten über Nacht. Dann in Scheiben schneiden und mit dem Plätzchenausstecher Fledermäuse ausstechen.

Für den Kürbisdip das Kürbisfleisch klein schneiden und mit wenig Wasser weichkochen, dann pürieren. Knoblauch auspressen, Chilischote fein hacken und mit dem Frischkäse zum Kürbismus geben. Mit Crème fraîche abschmecken, ggf. nachwürzen.

Für die Fledermaus-Brote nehmt Ihr einfach eine Scheibe vom Kürbisbrot und gebt ihr mithilfe eines Plätzchenausstechers in Fledermaus-Form das entsprechende Aussehen. Auch der Kürbis-Dip ist schnell gemacht.

Mumienmännchen

Würstchen in Blätterteig

DAS BRAUCHT IHR

Für die Mumienmännchen

12 Wiener Würstchen
(als Vegetarier könnt Ihr auf Seitan- oder Tofu-Alternativen zurückgreifen)

300 g Blätterteig

Für die Dekoration

brauner Lebensmittel-Farbstift

SO WIRD'S GEMACHT

Den Blätterteig ausrollen und in 0,5 cm breite Streifen schneiden. Den Ofen auf 180 °C vorheizen. Dann die Würstchen auf einer Seite viermal einschneiden, sodass Arme und Beine der Mumie entstehen. Dann Blätterteigstreifen um die einzelnen Gliedmaßen wie einen Verband herumwickeln. Die Mumien für 15 Minuten in den vorgeheizten Backofen geben – fertig! Dann mit dem Lebensmittelfarbstift Augen und Mund aufmalen.

Bandagiert von Kopf
bis Fuß, diese Männchen
scheinen den Gräbern
um Mitternacht
entwichen zu sein.

Gespensterkuchen

Käsekuchen mit Seele

DAS BRAUCHT IHR

Für den Knetteig der Figur (hier Gespenst)
150 g Weizenmehl
½ TL Backpulver
75 g Zucker
1 Päckchen Vanillezucker
1 Prise Salz
1 Ei
75 g weiche Butter Lebensmittelfarbe

Für den übrigen Kuchenteig
2 Eiweiß
200 g Schlagsahne
500 g Magerquark
100 g Zucker
2 EL Zitronensaft
35 g Speisestärke
2 Eigelb

Für die Dekoration
200 g Puderzucker
orange Lebensmittelfarbe
2 - 3 EL Wasser
Zuckerstreusel in Fledermausform

SO WIRD'S GEMACHT

Kastenform fetten. Backofen auf etwa 180 °C mit Ober-/Unterhitze (Heißluft etwa 160 °C) vorheizen. Für den Teig der Gespensterfigur Mehl mit Backpulver in einer Rührschüssel mischen. Die übrigen Zutaten für den Teig hinzufügen und alles mit dem Knethaken eines Mixers zunächst kurz auf niedrigster, dann auf höchster Stufe zu einem Teig verarbeiten. Anschließend fingerdick ausrollen und die gewünschte Figur mehrfach ausstechen, bis kein Teig mehr übrig ist.

Für den übrigen Kuchenteig zuerst Eiweiß, dann die Schlagsahne steif schlagen. Quark mit Zucker, Zitronensaft, Speisestärke und Eigelb gut verrühren. Eischnee und Sahne unter die Quarkmasse heben. Ein Drittel der Masse gleichmäßig auf den Boden der Kastenform streichen. Nun die ausgestochenen Figuren hintereinander aufgereiht ohne Zwischenraum in den Teig stellen. Anschließend den restlichen Teig darüber verteilen. Im Ofen auf der Einschubleiste im unteren Drittel etwa 75 Minuten backen. Danach den Kuchen noch 20 Minuten bei leicht geöffneter Backofentür im ausgeschalteten Backofen stehen lassen. Anschließend auf einen Kuchenrost stellen, auskühlen lassen, dann vorsichtig stürzen. Für die Glasur den gesiebten Puderzucker mit der Lebensmittelfarbe und der Hälfte des Wassers glattrühren, soviel weiteres Wasser zufügen bis es dickflüssig wird. Über den Kuchen gießen und Fledermausstreusel drüberstreuen.

Überraschung, Überraschung,

wenn auf einmal ein Gespenst aus dem Kuchen erscheint. Mit einem kleinen Trick ist es zuvor in der Backstube hineingeschlüpft. Ihr wollt wissen wie? Ganz einfach …

Tote-Seelen-Hügel

Kürbis-Bananen-Kuchen

Das braucht ihr

Für den Teig
250 g Kürbisfleisch, z. B. von 'Sucrine de Berry'
100 g Butter
120 g Zucker
1 TL Vanillezucker
2 Eier
150 g Mehl
30 g Kakaopulver
1 TL Backpulver
1 Prise Salz
75 ml Milch

Für die Füllung
250 ml Schlagsahne
2 Päckchen Sahnesteif
2 Päckchen Vanillezucker
90 g Schokoflocken
2 Bananen

Für die Dekoration
Mini-Zwieback
Lebensmittelfarbstift

So wird's gemacht

Zunächst für die Füllung Kürbisfleisch kleinschneiden und in wenig Wasser bissfest garen und auskühlen lassen. Dann für den Teig Butter, Zucker und Vanillezucker schaumig schlagen, Eier einzeln unterrühren und Mehl, Backpulver, Kakao, Salz und ggf. Milch vermengen. Teig in eine gefettete Springform geben und im vorgeheizten Ofen bei 170 °C ca. 30 Minuten backen. Auskühlen lassen.

Für die Füllung Sahne mit Sahnesteif und Zucker steif schlagen. Schokoraspel unterheben. Kuchenboden mit einem Esslöffel ca. 1 cm tief aushöhlen, dabei einen Rand von 2 cm stehenlassen. Ausgelöffeltes Gebäck zerkrümeln und beiseitestellen. Dann Boden mit der Kürbismarmelade dünn bestreichen, Bananen würfeln und zusammen mit den gegarten Kürbisstücken darauf verteilen. Sahnefüllung kuppelförmig auf die Bananen-Kürbis-Füllung geben und den Tortenrand bestreichen. Torte komplett mit den Gebäckkrümeln bestreuen und mindestens 2 Stunden kaltstellen.

Mini-Zwieback mit Grabkreuzen und RIP beschriften und als Grabsteine in den Kuchen stecken.

Um Mitternacht,

wenn's stockdunkel ist, wird's draußen auf dem Friedhof bei den Gräbern ganz lebendig. Die Krähen wissen schon, warum sie sich hier eingefunden haben. Sie lassen sich nicht von den Grabsteinen mit den gruseligen RIP-Aufschriften (rest in peace – ruhe in Frieden) abschrecken. Mutige Totengräber werden begeistert sein und keinen Krümel übriglassen von dem Kuchen, der unter seiner leckeren, braunen Oberfläche Köstliches zu bieten hat!

Hexenhüte

Kürbiskekse

DAS BRAUCHT IHR

Für den Teig (ergibt zwei Bleche)
80 g Kürbis-Püree
250 g Mehl
100 g Zucker
1 Päckchen Vanillezucker
150 g Butter
1 Ei
1 TL Pumpkin-Spice

Für die Dekoration
orangefarbene Zuckerperlen
schwarzer Lebensmittelfarbstift

Außerdem
Plätzchenausstechform als Hut-Motiv

SO WIRD'S GEMACHT

Kürbispüree herstellen (dazu Kürbisfleisch weichkochen oder garen und mit der Gabel musig zerkleinern) und gut abkühlen lassen. Dann zusammen mit den übrigen Zutaten zu einem geschmeidigen Teig kneten. Diesen für 30 Minuten in den Kühlschrank stellen.

Den Ofen auf 170 °C vorheizen. Teig auf einer bemehlten Fläche ca. 0,5 cm dick ausrollen. Mit dem Plätzchenausstecher die Hutformen ausstechen und die Kürbiskekse auf einem mit Backpapier ausgelegten Backblech 8 – 10 Minuten backen. Achtet darauf, dass die Kekse nicht zu lange im Ofen sind, sonst werden sie zu trocken. Abkühlen lassen.

Dann mit dem Lebensmittelstift die Hutkontur nach- und ausmalen. Und je vier Zuckerperlen oberhalb der Hutkrempe aufkleben, indem diese auf der Unterseite mit Wasser angefeuchtet werden. Trocknen lassen und dann: Guten Appetit!

Pumpkin-Spice

Das Pumpkin-Spice könnt Ihr auch selber machen. Für 2 EL braucht Ihr:

2 TL Zimtpulver
¼ TL Muskatpulver
¼ TL Ingwerpulver
¼ TL Piment
¼ TL Nelkenpulver

Die Hexe Bobola oder der Räuber Hotzenplotz, einer von beiden hat hier seinen Hut vergessen. Doch dieser ist so lecker, dass er auch ratzfatz aufgegessen ist! Deshalb zaubert simsalabim gleich viele auf den Tisch, sie werden genauso schnell verschwinden wie sie erschienen sind, so lecker sind sie.

SKELETTMEETING

SCHOKO-KEKSE MIT ZUCKERGUSS

DAS BRAUCHT IHR

Für den Schoko-Keksteig

370 g Mehl

2 TL Kakaopulver

250 g kalte Butter

120 g Zucker

1 Eigelb

1 TL Pumpkin-Spice

1 – 2 TL schwarze Gel-Lebensmittelfarbe

1 Messerspitze gemahlenen Kardamon

einige Tropfen schwarze Lebensmittelfarbe

Für die Dekoration

weißer Zuckergussfarbstift

(alternativ: 2 Eiweiß, 100 g Puderzucker, evtl. etwas Wasser)

Außerdem

Plätzchenausstecher in Männchen-Form

SO WIRD'S GEMACHT

Mehl und Kakaopulver mischen. Zusammen mit der Butter in Flöckchen, der Lebensmittelfarbe, sowie Zucker, Eigelb, Zimt und Kardamom erst mit dem Knethaken des Handrührers, dann mit den Händen zu einem glatten Teig verkneten. Diesen zu einer Kugel formen, in Frischhaltefolie wickeln und für 1 Stunde kühl stellen.

Backofen auf 200 °C (bei Umluft 180 °C) vorheizen. Dann Teig ca. 4 cm dick ausrollen, Männchen ausstechen, Backform umdrehen und Skelettstruktur in den Teig drücken, dann ca. 8 – 10 Minuten backen. Anschließend mit Zuckergussstift die Skelettkonturen nachmalen. Alternativ aus Eiweiß und gesiebten Puderzucker einen zähflüssigen Zuckerguss herstellen und mittels einer Spritze oder eines Gefrierbeutels mit abgeschnittener Spitze aufspritzen.

Spiderweb

Kürbis-Muffins

Das braucht ihr

Für den Muffinteig (12 Stück)
1 Tasse Mehl
1 TL Backpulver
½ TL Zimtpulver
½ TL Salz
1 Tasse Kürbispüree
½ Tasse Zucker
½ Tasse brauner Zucker
½ Tasse Pflanzenöl
2 große Eier

Für das Frosting
12 EL Butter (Raumtemperatur)
250 g Frischkäse (Raumtemperatur)
3 Tassen Puderzucker
½ TL Vanilleextrakt
½ TL Pumpkin-Spice
orangefarbene Lebensmittelfarbe

Für die Dekoration
Lebensmittel-Farbstift schwarz

Außerdem
Muffin-Backblech
12 Papier-Muffinförmchen

So wird's gemacht

Ofen auf 180 °C vorheizen. 12 Papierförmchen in die Mulden der Muffinform geben.

Mehl, Backpulver, Zimt und Salz in einer großen Schüssel mischen.

Kürbispüree (Zubereitung siehe Seite 042), Zucker, Pflanzenöl und die Eier in einer anderen Schüssel mischen.

Die flüssige Mischung zu den trockenen Zutaten geben und alles gut verrühren. Die Papierförmchen bis zur 1/3 mit Teig füllen. Muffinform in den heißen Ofen geben und 15 – 18 Minuten backen.

Für das Frosting Frischkäse und Puderzucker schaumig schlagen. Butter dazugeben und gut verrühren. Dann Vanille, Pumpkin-Spice und Lebensmittelfarbe hinzugeben und rühren bis das Frosting flauschig wird.

Frosting in einen Spritzbeutel geben und die abgekühlten Muffins kreisförmig mit dem Frosting versehen.

Für die Dekoration mit dem schwarzen Lebensmittel-Farbstift ein Spinnennetz aufzeichnen und eine Kunststoff-Spinne aufsetzen.

Die Spinne hat hier ganze Arbeit geleistet,

Akkurat hat sie den mit orangefarbener Kürbiscrème getoppten Muffin mit ihrem schwarzen Netz überzogen. Damit keiner in Versuchung kommt, das leckere Teil wegzuessen, thront sie bewachend mittendrauf. Wer traut sich als Erster zuzugreifen?

Zauberhüte

Süsskartoffel-Muffins

Das braucht ihr

Für den Muffinteig (12 Stück)
250 g Süßkartoffeln
1 Prise Salz
250 g Mehl
1 TL Backpulver
1 TL Natronpulver
1 TL Zimt
½ TL Ingwerpulver
60 g Zucker
4 EL Honig
2 Eier
60 ml Sonnenblumenöl
125 ml Buttermilch

Für das Frosting
12 EL Butter
200 g Frischkäse
3 Tassen Puderzucker
½ TL Vanilleextrakt
½ TL Zimtpulver
orangefarbene und schwarze Lebensmittelfarbe

Für die Dekoration
schwarzer Lebensmittel-Farbstift
schwarzer und orangefarbener Fondant
12 Schokokeksstick

Außerdem
Muffin-Backblech
12 Papier-Muffinförmchen

So wird's gemacht

Für den Teig die Süßkartoffeln schälen, in Würfel schneiden und in etwas Salzwasser rund 15 Minuten weichkochen lassen. Anschließend abgießen, abtropfen, pürieren und abkühlen lassen. Backofen auf 180 °C vorheizen. Muffinblech fetten und mit Papierförmchen bestücken. Mehl, Backpulver, Natron, Salz und alle Gewürze mischen. Das Süßkartoffelpüree mit Zucker, Honig, Eiern, Öl und Buttermilch verrühren. Die Mehlmischung nach und nach einrühren. Den Teig in die Förmchen geben und 15 – 20 Minuten backen lassen.

Für das Topping Frischkäse und Zucker schaumig schlagen, Butter dazugeben, dann Gewürze und alles glattrühren.

Ein Teil der Crème wird mit schwarzer Lebensmittelfarbe eingefärbt, der andere Teil orange. Mithilfe eines Spritzbeutels abwechselnd die Crème in Orange und Schwarz auf die Muffins spritzen. Dann aus dem schwarzen Fondant Kreise ausstechen. Einige Kreise halbieren, die Halbkreise durch Zusammenfügen der Schnittkante zu einer Spitztüte aufwölben, diese auf einen ganzen Kreis setzen. Durch vorsichtiges Verkneten miteinander verbinden und dabei zu einem Hexenhut formen. Aus dem orangefarbenen Fondant ca. 0,3 mm breite Streifen schneiden und diese wie ein Band um die Hüte legen. Mit dem schwarzem Lebensmittel-Farbstift Rechtecke als Hutschnallen aufzeichnen. Für die Hexenbesen aus schwarzem Fondant 2 cm breite Streifen schneiden, diese von einer Längsseite her dicht an dicht kammartig einschneiden und mit der gegenüberliegenden geschlossene Längsseite ca. drei Mal um die Spitze der Schoko-Keksstick wickeln und andrücken. Dann die „Besenhaare" ein bisschen auseinanderdrücken. Hüte sowie die Hexenbesen mit dem Stiel in das Muffin-Topping stecken.

Getoppt mit Zauberhut oder Besen hat die Hexe hier ihr

Hexenwerk vollbracht!

Spinnenalarm

Oreo-Muffins

Das braucht ihr

Für den Muffinteig (12 Stück)
110 g Butter
100 g Zucker
2 Eier
1 ½ TL Backpulver
110 g Mehl
3 EL Milch
15 Oreo-Kekse (Fertigkekse)

Für das Topping
250 g Mascarpone
100 g Puderzucker
3 EL Zitronensaft

Für die Dekoration
12 Oreo-Kekse (Fertigkekse)
24 Zuckeraugen
6 – 8 Lakritzschnecken

Außerdem
Muffin-Backblech
12 Papier-Muffinförmchen

So wird's gemacht

Den Backofen auf 180 °C vorheizen, Papierförmchen in die Mulden der Muffinform legen. Butter mit Zucker und Eiern zu einer luftigen Masse rühren. Mehl und Backpulver mit der Milch zur Eiermasse geben. 15 Oreo-Kekse zerbröseln und mit dem Teig vermengen. In jedes Papierförmchen 1 EL Teig geben. Die Muffins 15 – 20 Minuten backen und anschließend abkühlen lassen.

Dann alle Zutaten für das Topping verrühren. Jeden Muffin mit diesem Frischkäsetopping bestreichen, je einen Oreo-Keks drauflegen und zwei Zuckeraugen mit etwas Topping aufsetzen. Lakritzschnecken abrollen, den Lakritzstreifen in ca. 2 cm lange Abschnitte schneiden und an jeden Keks seitlich 8 Beinchen wie zu einer Spinne anlegen.

Hilfe Spinneninvasion!

Wer will, setzt diese Spinnenmuffins anstelle des schwarzen Tellers auf einen Spinnennetz-Untergrund, das sieht dann noch mehr nach Spinnenaktivität aus!

FEIERN IN GOLD

HAPPY
HALLOW
Einladung

Herzhafte Eiterbeulen

Pikant gefüllte Kürbisse

Das braucht ihr

Für das Gericht

3 oder 4 kleine Kürbisse (z. B. 'Delicata', 'Sweet Dumpling', 'Sweet Mama', 'Shokichi Red', 'Puccini', 'Golden Nugget')
400 g Hackfleisch
1 Stange Lauch
1 Zwiebel
2 Knoblauchzehen
2 EL Tomatenmark
100 g Crème fraîche
100 ml Sahne
2 EL geriebener Käse (z. B. Edamer)
100 g geriebener Parmesan
Salz, Pfeffer
1 TL Currypulver
2 EL Pflanzenöl

Für die Dekoration

Salbeiblätter

So wird's gemacht

Kürbisse waschen, die Deckel abschneiden und das Fruchtfleisch sowie die Kerne mit einem Löffel oder Eisportionierer ausschaben. Etwa 3 cm Rand stehenlassen. Kürbis mit Deckel 15 Minuten lang bei 180 °C im Ofen garen.

Lauch waschen und in Ringe schneiden. Zwiebeln und Knoblauch schälen und klein schneiden. Ausgeschabtes Kürbisfleisch würfeln. Öl in einer Pfanne erhitzen, Zwiebeln, Lauch und Knoblauch darin anbraten. Das Hackfleisch und die Kürbiswürfel hinzugeben und ebenfalls anbraten. Tomatenmark, Crème fraîche, Sahne und den Parmesan unterrühren. Mit Salz und Pfeffer würzen.

Den Kürbis aus dem Ofen nehmen und die Hackfleischmasse hineinfüllen. Den Deckel wieder aufsetzen und die gefüllten Kürbisse weitere 30 Minuten im Backofen garen. Anschließend mit oder ohne Deckel servieren und mit einzelnen Salbeiblättchen dekorieren.

Liebhaber der deftigen Geschmäcker werden hieran ihre helle Freude haben. Denn diese Schrumpelköpfe sind gefüllt mit einer köstlichen Fleischfüllung!

Fledermaus-Torte

Kürbis-Buttercrème-Torte

Das braucht ihr

Für den schwarzen Biskuitteig
(amerikanisches Rezept daher „Cup"=Tasse)

½ Cup sehr dunkles Kakaopulver
3 EL Pflanzenöl
½ Cup weiches Kokosfett
2 große Eier
1 TL Vanilleextrakt
½ Cup Buttermilch
2 Cup Mehl
1 TL Backpulver
2 Cup Zucker
1 Prise Salz
1 Cup heißes Wasser
ca. 1 TL schwarze Gel-Lebensmittelfarbe

Für die Buttercrème-Füllung

300 g weiche Butter
500 g Puderzucker
6 TL heißes Wasser
einige Tropfen Butter-Vanille-Aroma oder das Mark einer Vanilleschote
Abrieb einer Bio-Zitrone und/oder einer Bio-Orange
auf Wunsch Orangenmarmelade
auf Wunsch Orangenlikör

Für die Dekoration

weißen Fondant
schwarzen Fondant

Außerdem

2 Backformen mit 15 cm Durchmesser
Plätzchen-Ausstechformen mit Fledermausmotiv

So wird's gemacht

Ofen auf 180 °C (Umluft 200 °C) vorheizen. Für den Teig Kokosfett mit dem Kakaopulver erwärmen bis es geschmolzen ist und sich gut verrühren lässt. Etwas abkühlen lassen. Dann Eier, Vanille und Buttermilch unterrühren und Lebensmittelfarbe hinzufügen. Zucker, Mehl, Backpulver und Salz verrühren. Die schwarze Masse hinzufügen und zwei Minuten verrühren. Langsam das kochende Wasser einrühren und nochmal zwei Minuten bei mittlerer Geschwindigkeit des Handrührgerätes verquirlen. In zwei Backformen füllen und für 35 - 40 Minuten backen. 10 Minuten abkühlen lassen und dann auf ein Backgitter zum vollständigen Auskühlen stürzen.

Für die Füllung die weiche Butter und den Puderzucker komplett zur homogenen, schaumigen Masse verrühren. Das Butter-Vanille-Aroma, Zitrusabrieb und so viel heißes Wasser dazugeben und geschmeidig schlagen, dass eine cremige Konsistenz entsteht. (Bei höheren Temperaturen, z. B. im Sommer, bei weicherer Margarine oder auch, wenn der Puderzucker lange gelagert wurde und schon viel Luftfeuchtigkeit angezogen hat, kann das Wasser auch weggelassen werden.)

Jeden Biskuitboden einmal waagerecht durchschneiden. Wer mag, bestreicht jeden Boden mit etwas Orangenmarmelade und beträufelt diese mit Orangenlikör, bevor jede Ebene mit 2 EL Crème bestrichen wird. Alle Böden übereinandersetzen, die Torte vollständig mit Buttercrème bedecken und für ca. 2 - 3 Stunden kühlstellen. Vor dem Servieren den weißen Fondant ausrollen, eine Decke in der Größe der Torte ausschneiden und auflegen. Aus schwarzem, ausgerolltem Fondant Fledermäuse ausstechen. Diese einseitig mit Wasser befeuchten und auf das weiße Fondant kleben.

huschen sie durch die Lüfte und haben sich jetzt auf unserer Torte niedergelassen: Fledermäuse. Wer dieses süße Teil anschneidet, wird sein schwarzes Wunder erleben, denn auch das Torteninnenleben ist finster wie die Nacht.

Spinnennetz-Torte

Kürbis-Käsekuchen

DAS BRAUCHT IHR

Für den Teig
200 g Vollkornbutterkekse
90 g Butter
1 TL Pumpkin-Spice
2 TL Zimtpulver
¼ gemahlener Muskat
¼ TL gemahlener Ingwer
1 Messerspitze Pimentpulver
¼ TL gemahlene Nelken

Für die Käsemasse
1 kg Quark
500 g Kürbisfleisch, z. B. 'Hokkaido'
4 Eier
1 Päckchen Puddingpulver Vanille
170 g Zucker

Für den Guss
250 g Frischkäse
2 EL Agavendicksaft

Für die Dekoration
Kuvertüre

Außerdem
Springform

SO WIRD'S GEMACHT

Butterkekse zerbröseln, mit geschmolzener Butter übergießen und mit den Gewürzen verquirlen. Dann den Teig mit einer Löffelrückseite fest auf den Boden einer mit Backpapier ausgelegten Springform drücken und kaltstellen. Kürbisfleisch raspeln, mit etwas Wasser musig kochen und mit den anderen Zutaten verquirlen. Käsemasse auf den Keksboden geben, im vorgeheizten Backofen bei 180 °C ca. 60 Minuten backen. Dann Frischkäse und Agavendicksaft verrühren. Den Kuchen damit bestreichen und weitere 8 – 10 Minuten backen. Auskühlen lassen, dann Kuvertüre schmelzen, in einer Spritze aufziehen und das Spinnennetz aufmalen, sowie den Rand schwärzen.

Geschützt von dem perfekten Spinnennetz befindet sich eine Torte, die alle

Furchtlosen

begeistern wird …

Halloween-Taler

Würzige Kürbiskekse

Das braucht ihr

Für den Keksteig

80 g Kürbispüree
250 g Mehl
50 g gemahlene Mandeln
100 g Zucker
1 Päckchen Vanillezucker
180 g Butter
2 Eigelb
1 Eiweiß
1 TL Zitronensaft
1 TL Pumpkin-Spice
1 Prise Salz
250 g Puderzucker

Für die Dekoration

verschiedene Halloweenstempel, z. B. mit Kürbis-, Gespenstmotiv oder Schriftzügen

schwarze, lebensmittelechte Stempelfarbe

So wird's gemacht

Aus den Teigzutaten einen Mürbeteig zubereiten und den Teig für ca. 2 Stunden in Folie gewickelt kühl stellen. Danach auf einer bemehlten Arbeitsfläche ca. ½ cm dick ausrollen und mit beliebigen Förmchen ausstechen. Die Kekse auf zwei mit Backpapier ausgelegte Backbleche legen und im vorgeheizten Backofen bei 180 Grad 12 - 15 Minuten backen.

Achtet darauf, dass die Kekse nicht zu lange im Ofen sind, sonst werden sie zu trocken. Für den Zuckerguss Eiweiß mit Zitronensaft und Salz steif schlagen. Den Puderzucker bei niedriger Stufe des Elektromixers esslöffelweise untermixen. Zum Schluss noch mal auf höchster Stufe durchmixen, bis der Eischnee dick und glänzend ist, sowie Spitzen zieht.

Zuckerguss in den Spritzbeutel füllen, eine passend große Spitze (besser etwas zu klein als zu groß) abschneiden und das Gebäck damit verzieren. Guss gut durchtrocknen lassen.

Für das Stempelmotiv die Lebensmittelfarbe auf einem Schwammtuch verteilen und den Stempel vorsichtig darauf drücken. Danach auf den gut getrockneten Zuckerguss drücken. Das bedarf ein wenig Übung, wird Euch aber schnell gelingen!

"Trick or treat"

„Booh!“ oder lustige Kürbisfratzen verzieren diese aus Kürbisteig hergestellten Kekse.

Spiderweb- und Jack O'Lantern-Muffins

Erdnuss-Schoko-Muffins

DAS BRAUCHT IHR

Für die Erdnuss-Schoko-Muffins (12 Stück)

60 g Erdnussbutter
40 g Butter
180 g brauner Zucker
2 TL Vanille-Aroma
2 Eier
150 ml Milch
2 EL Kakaopulver
180 g Mehl
1 TL Backpulver
12 TL Erdbeermarmelade

Für den selbstgemachten Fondant

1 kg Puderzucker
450 g weiße Marshmallows
3 EL Wasser

Für die Dekoration

weißen Lebensmittel-Farbstift
schwarzer Lebensmittel-Farbstift

Außerdem

Muffin-Backblech
12 Papier-Muffinförmchen

SO WIRD'S GEMACHT

Erdnussbutter und Butter cremig rühren, Zucker, Vanillearoma, später Eier zugeben und weiterrühren bis eine homogene Masse entsteht. Milch und Kakaopulver, sowie Mehl und Backpulver unterrühren.

Backofen auf 160 °C vorheizen. Muffinblech fetten, mit Papierförmchen bestücken und zur Hälfte mit dem Teig füllen. Dann jeweils einen Teelöffel Marmelade draufgeben und mit dem restlichen Teig bedecken. Ca. 20 - 25 Minuten backen. Muffins auskühlen lassen.

Für den selbst gemachten weißen Fondant Marshmallows mit dem Wasser für 2 - 3 Minuten bei 600 Watt in der Mikrowelle schmelzen. Zwischendurch umrühren. Die geschmolzene Masse mit der Hälfte des gut gesiebten Puderzuckers verkneten. Danach die restliche Hälfte in kleinen Portionen unterkneten.

Für den schwarzen Fondant ca. 10 Esslöffel der Masse zur Seite nehmen und diese Menge mit schwarzer Lebensmittelfarbe färben. Dann ausrollen, sechs runde Kreise in der Größe der Muffinoberfläche ausstechen, die Hälfte der Muffins damit bedecken und trocknen lassen. Den übrigen weißen Fondant ebenfalls ausrollen, weitere sechs Kreise ausstechen und die restlichen Muffins damit bedecken.

Für die Dekoration die schwarzen Muffins mit einem Spinnennetz mit einem weißen Lebensmittel-Farbstift (alternativ Crèmeguss aufspritzen), die weißen Muffins mit den Masken und einem schwarzen Lebensmittel-Farbstift bemalen (alternativ selbstgemachten Schokoguss aufspritzen).

Wer traut sich, als Erster hinein-
zubeißen? Das weiße Spinnennetz
ist mit Fondant aufgezeichnet,
der Muffin mit einer Kakaocrème
überzogen. Was gruselig aussieht,
schmeckt absolut köstlich!

Mumien-Muffins

Ingwer-Limetten-Muffins

Das braucht ihr

Für den Muffinteig (12 Stück)
160 Zucker
2 TL brauner Zucker
2 Eier
110 g Butter
170 g Buttermilch
260 g Mehl
1 TL Backpulver
½ TL Natronpulver
½ TL Salz
abgeriebene Schale von 3 Limetten
60 g frischer Ingwer
2 - 3 TL gemahlener Ingwer
½ - 1 TL gemahlenen Kardamom

Für die Mumienumwicklung
weißen Fondant
24 Zuckeraugen

Außerdem
Muffin-Backblech
12 Papier-Muffinförmchen

So wird's gemacht

Ingwer schälen, in sehr dünne Scheiben, dann in sehr kleine Würfelchen schneiden. Mit ca. 2 EL Wasser zum Kochen bringen, der Ingwer soll gerade eben bedeckt sein, dann braunen Zucker zugeben und etwa 5 Minuten köcheln lassen. Nun Zucker, geschmolzene Butter, Buttermilch und Limettenschale mit dem Ingwer-Wasser-Gemisch verrühren.

Mehl, Backpulver und die Gewürze verrühren und in die flüssige Mischung rühren. Abschmecken und wenn nötig die restlichen Teelöffel Ingwerpulver einrühren.

Backofen auf 220 °C vorheizen. Muffinblech fetten, mit Papierförmchen bestücken und den Teig auf die 12 Mulden verteilen. 5 Minuten backen, danach auf 180 °C herunterstellen und weitere 15 Minuten backen. Muffins auskühlen lassen.

Fondant dünn ausrollen und mit einem Pizzaroller in dünne Streifen schneiden. Diese dann mehr oder weniger parallel dicht an dicht über die Muffins legen. Jeweils zwei Zuckeraugen durch Anfeuchten der Unterseite aufbringen. Fertig sind die bandagierten Mumien.

Mumie mit Kulleraugen

Die lange Nacht der Geister lässt auch die Mumien aus ihrem Schlaf erwachen. Bandagiert in weißen Fondant-Streifen blicken sie als Muffins mit ihren Kulleraugen fast unschuldig in das zeitliche Geschehen.

Schädel-Muffins

Buttermilch-Muffins mit Butter-Frosting

Das braucht ihr

Für die Golden Cupcakes (12 Stück)
1 Ei
Zucker
120 ml Buttermilch
120 ml Rapsöl mit Buttergeschmack
1 TL Vanilleextrakt
1 TL Apfelessig
ca. ½ TL gelbe Lebensmittel-Gelfarbe
125 g Mehl
½ TL Natronpulver
½ TL Salz

Für das Frosting
1 Päckchen Vanille-Puddingpulver
400 ml Milch
2 EL Zucker
250 g Butter
50 g Puderzucker
gelbe Gel-Lebensmittelfarbe

Für die Dekoration
12 schwarze Muffin-Pappschalen
goldene Lebensmittelfarbe
ca. 4 EL Kristallzucker
12 Zucker-Totenmasken
12 Knochen

Außerdem
Muffin-Backblech
12 Papier-Muffinförmchen

So wird's gemacht

Den Ofen auf 180 °C vorheizen. Muffinblech fetten, mit Papierförmchen auskleiden. Für den Teig Zucker und Ei schaumig schlagen. Buttermilch, Öl, Vanille-Extrakt und Apfelessig in einem Behälter gut vermischen. Die gelbe Lebensmittelfarbe einrühren bis maximale Sättigung erreicht ist und zum Eier-Zucker-Schaum geben. Mehl, Salz und Natronpulver vermischen und vorsichtig unter die Eiercrème heben und nur solange rühren, bis das Mehl vermischt ist. Den Teig sofort in die Papierförmchen geben und in den Ofen schieben. Ca. 18 Minuten backen. Die Cupcakes sofort aus der Form nehmen (Achtung heiß) und auf einem Gitter abkühlen lassen.

Für das Frosting Pudding aus Puddingpulver, Milch und Zucker kochen und abkühlen lassen. Beim Abkühlen immer wieder umrühren bzw. mit Klarsichtfolie bedecken, damit keine Haut entsteht. Dann die zimmerwarme Butter, sie muss unbedingt die gleiche Temperatur wie der Pudding haben, mit dem Puderzucker schaumig schlagen. Den Pudding dann langsam Esslöffel für Esslöffel hinzugeben und unterrühren, bis alles eine homogene Crème ergibt.

Cupcakes in die schwarzen Pappförmchen geben und das Topping ggf. mithilfe einer Sahnetülle aufspritzen und verteilen.

Den Zucker mit goldener Lebensmittelfarbe einfärben und auf die Cupcakes streuen. Knochen und Totenmaske aus Zucker mit Lebensmittelfarbe gold färben und hinzufügene.

Ein Goldfund!

In Gold sehen die Gebeine nur noch halb so dramatisch aus. Hier zieren sie zusammen mit Goldkristallen die Sahnetoppings der Muffins in schwarzen Papierhüllen.

Gespenster-Muffins

Bananen-Schoko-Muffins

Das braucht ihr

Für den Teig (12 Stück)
2 reife Bananen
2 Eier
80 g weiche gesalzene Butter
70 g brauner Zucker
150 g Mehl
20 g Schokoladenchips
2 TL Backpulver
1 Päckchen Vanillezucker
1 TL Vanilleextrakt
12 TL Schokonussaufstrich z. B. Nutella

Für die Dekoration
weißen Fondant
12 Mini-Schokoküsse
schwarzer Lebensmittel-Farbstift

Außerdem
Muffin-Backblech
12 Papier-Muffinförmchen

So wird's gemacht

Backofen auf 220 °C vorheizen. Für den Muffinteig die Butter mit Zucker und Vanille schaumig rühren. Eier und die mit einer Gabel zerdrückten Bananen hinzufügen. Mehl und Backpulver einstreuen und alles verrühren. Die Schokochips vorsichtig einrühren.

Muffinblech fetten, mit Papierförmchen bestücken und die Mulden jeweils zur Hälfte mit dem Teig befüllen. Dann einen Teelöffel Schokonussaufstrich darauf geben und die zweite Hälfte des Teiges drübergießen. Ca. 20 Minuten backen lassen. Die Muffins abkühlen lassen.

Für die finale Dekoration jeden Muffin mit einem Mini-Schokokuss toppen, Fondant dünn ausrollen, Kreise im Durchmesser von ca. 10 cm ausstechen und diese drüberlegen. Dann dem Gespenst ein Gesicht aufmalen.

Die kleinen Muffin-gespenster sind ganz handzahm und schmunzeln uns spitzbübisch an. Das Besondere an ihnen, unter ihrem Geister-Fondant-kleidchen verbirgt sich ein Mini-Schaumkuss.

Ertrunkene Schrumpfköpfe

Apfelpunsch

Das braucht Ihr

- 3 Zitronen
- 6 Äpfel
- 500 ml Apfelsaft
- 1 Zimtstange
- 2 Sternanis
- 1 l Ginger Ale
- 100 ml Rum (allerdings nicht für Kinder)

So wird's gemacht

Für die Schrumpelköpfe Zitronen auspressen. Äpfel schälen, längs halbieren und das Kerngehäuse rausschneiden. Dann großzügig verschiedene Gesichter ausschneiden. Die Äpfel schrumpfen, von daher sollten die Gesichter nicht zu kleinteilig ausgeschnitten werden. Alle Äpfel in den Zitronensaft legen. Den Ofen auf 120 °C vorheizen. Die Äpfel mit dem Gesicht nach oben auf ein mit Backpapier ausgelegtes Backblech legen. Dieses für 2 Stunden in den Backofen schieben. Wenn die Äpfel geschrumpft sind und leicht golden wirken, sind sie fertig. Für den Punch den Apfelsaft mit der Zimtstange und dem Sternanis stark erwärmen (nicht kochen). Dann eine Stunde ziehen lassen. Wenn er abgekühlt ist, Ginger Ale dazu geben (und gegebenenfalls den Rum). Die Äpfel hineinlegen.

Ganz Mutige geben ein Stück Trockeneis (Vorsicht, dafür unbedingt Lederhandschuhe anziehen und die Eisstückchen nur mit einer Zange einfüllen!) unmittelbar vor dem Servieren ins Glas. Das kühlt nicht nur das Getränk, sondern lässt es auch dampfen, fauchen und rauchen! Ein wunderbares Spektakel!

Fledermaus Silhouetten

Das Schnittmuster für diese Fledermäuse findet Ihr auf Seite 123 ff.

Shrunken Apples

Wer genau hinschaut, entdeckt lauter schreiende Gesichter. Aber keine Angst, das sind geschälte, halbierte Äpfel, denen mit drei Ritzen ein Mund und zwei Augen ausgestochen wurden. Sie geben der alkoholfreien Kinderbowle – die mit etwas Rumzutat aber auch eine Bowle für Erwachsene wird – das köstliche Apfelaroma, von dem man gar nicht genug bekommen kann!

Feiern in Rot

Einladung

HÖLLENKOHLE-BROT

ROGGENBROT

DAS BRAUCHT IHR

Für die Brotkohle (12 Stück)

Paket Roggen-Brotmischung
2 EL Trockenhefe
1 Tasse lauwarmes Wasser
2 EL Zucker
2 EL Sonnenblumenöl
½ TL Salz
1 ½ Tassen Reismehl (aus Reis im leistungsstarken Mixer herstellen)
schwarze Lebensmittelfarbe
rote Lebensmittelfarbe

SO WIRD'S GEMACHT

Zuerst die Brotmischung nach Anweisung zubereiten. Dabei vor dem Durchkneten ausreichend rote Lebensmittelfarbe hinzugeben, damit eine blutrote Färbung entsteht.

Den Teig in 12 gleichgroße Kugeln verarbeiten, diese auf ein mit Backpapier ausgelegtes Backblech legen und mit einem feuchten Tuch abdecken. Nach Anleitung gehen lassen.

Für das Höllenfeuerkohle-Topping Hefe, Zucker, Öl, Salz und Reismehl verrühren. Dann die schwarze Lebensmittelfarbe hinzugeben und gut verrühren, bis ein tief schwarzer Ton entsteht. Das Topping sollte dickflüssig und klebrig sein und langsam vom Mixer abtropfen.

Abgedeckt 15 Minuten gehen lassen.

Dann eine ca. 0,5 – 1 cm dicke Topping-Schicht um die Brotbälle verschmieren. Dazu am besten Lebensmittelhandschuhe anziehen. Nicht hauchdünn, jedoch auch nicht zu dick, damit der Effekt des Aufreißens entsteht.

Danach die Brotkohle nochmal 15 Minuten gehenlassen.

Entsprechend der Brotzubereitungsanweisung backen, jedoch maximal 40 Minuten aufgrund der geringeren Teigmenge. Während des Backens bricht die schwarze Außenhülle auf und gibt die glühende rote „Brotkohle" frei.

Frisch aus dem Höllenfeuer

serviert Euch hier der Teufel höchstpersönlich seine Kohle! Ahnt Ihr, was das glühende Innere birgt? Das Brot – passend für Eure höllenscharfen und teuflisch guten Dips!

Fledermausschwarm

Knusprige Frühlingsrolle mit feuriger Salsa

DAS BRAUCHT IHR

Für die Knusperteile (ca. 10 Stück)
5 Lagen Frühlingsrollenblätter
20 ungekochte Spagetti
200 g Kräuterfrischkäse
schwarze Lebensmittelfarbe
Pflanzenöl zum Frittieren

Für die Salsa
1 rote Zwiebel
1 Knoblauchzehe
1 Chilischote
20 g Olivenöl
40 g Tomatenmark
1 Paprikaschote
3 Tomaten
400 g gehackte Dosentomaten
1 EL edelsüßes Paprikapulver
½ TL Cuminpulver
1 EL brauner Zucker
½ TL Salz
1 Handvoll Koriandergrün (alternativ Petersilie)
Saft 1 Limette

SO WIRD'S GEMACHT

Für die Fledermausflügel in eine tiefe Schüssel fingerbreit warmes Wasser geben und dieses mit schwarzer Lebensmittelfarbe (so tief schwarz wie mein Humor!) einfärben. Ein Frühlingsrollenblatt ca. 3 Minuten hineinlegen und einweichen bzw. einfärben lassen. Ungekochte Spagetti ebenfalls in die Farbe legen und einweichen lassen. Kräuterfrischkäse mit schwarzer Lebensmittelfarbe grau einfärben, dann auf dem Frühlingsrollenblatt verteilen und dieses diagonal in zwei Dreiecke schneiden.

Gefärbte Spagetti von einer Dreiecksspitze heraus sonnenstrahlen-ähnlich wie Knochen eines Fledermausflügels auf das Blatt legen. Die Zwischenräume zwischen den Spagetti bogen-förmig zur typischen Fledermausflügelform ausschneiden.

In einer tiefen Pfanne das Öl erhitzen. Vorsichtig die weichen Flügel in das heiße Öl geben und ca. 1 Minute frittieren. Da die Flügel schwarz eingefärbt sind, muss man gut aufpassen, dass sie nicht verbrennen. Dann herausnehmen und auf einem Papierhandtuch abtropfen lassen.

Salsa lässt sich gut einen Tag vorher vorbereiten und kühl aufbewahren.

Fledermaus Silhouetten

Das Schnittmuster für diese Fledermäuse findet Ihr auf Seite 123 ff.

Brain-Pudding

Vanillepudding mit Himbeersoße

Das braucht Ihr

Für den Pudding

500 ml Vollmilch

2 Eigelb

1 Vanilleschote (ausgekratztes Mark und Schote)

1 Päckchen Bourbon-Vanille-Zucker

1 EL Zucker

5 gehäufte TL Speisestärke

Für die Dekoration

½ l Himbeersoße

Außerdem

Kunststoffschale in Gehirnform

So wird's gemacht

400 ml Milch in einem Kochtopf langsam zum Kochen bringen, Vanilleschote auskratzen und das Mark sowie die Schote zur Milch geben. In der Zwischenzeit restliche Milch mit Vanille-Zucker, Zucker, den beiden Eigelb und der Speisestärke glattrühren. Wenn die Milch im Topf kocht, die glattgerührte Milch mit den weiteren Zutaten langsam unter ständigem Rühren einfließen lassen, kurz aufkochen. Dann die komplette Masse in eine Gehirnform umfüllen und auskühlen lassen.

Alternativ könnt Ihr den Pudding aus Puddingpulver herstellen. Dann etwas weniger Milch nehmen, damit der Pudding etwas fester wird. Sollte er sich nicht aus der Gehirnform lösen lassen, taucht die Form kurz in sehr heißes Wasser, um sie dann zu stürzen.

Anschließend mit der wie Blut aussehenden Himbeersoße übergießen.

Übrigens: Achtet auf die Größe der Gehirnform. Gegebenenfalls müsst Ihr die doppelte oder sogar dreifache Puddingmenge herstellen. Am besten vorher auslitern!

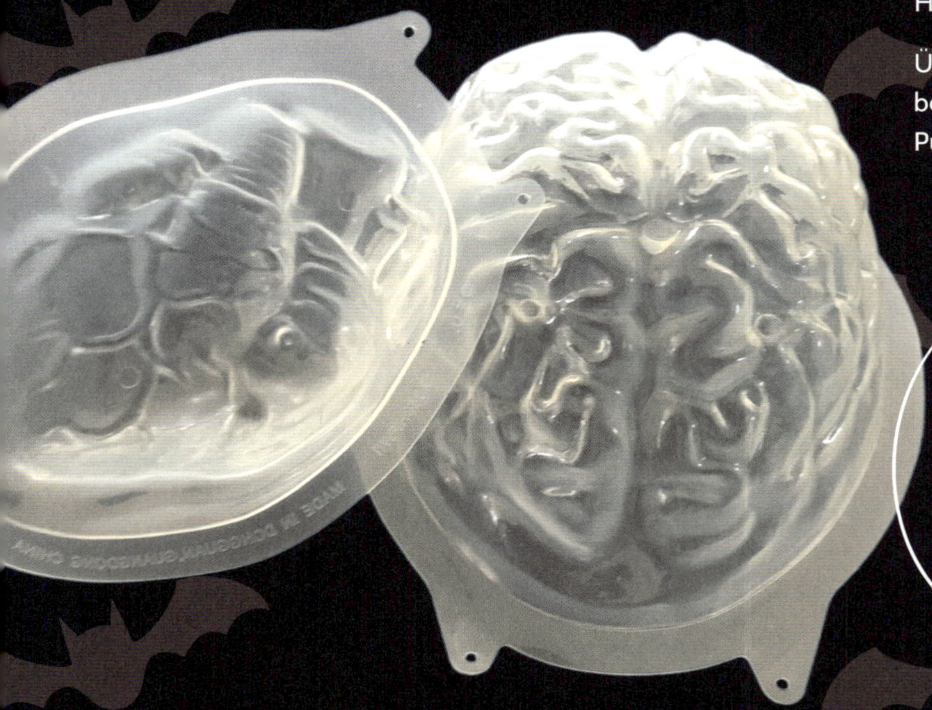

Diese „Gehirnform" aus hitzebeständigem Kunststoff gibt es im gut sortierten Fachhandel oder übers Internet zu kaufen, sogar zusammen in Kombination mit der „Herzform" fürs Rezept auf Seite 080/081.

Hier geht's ans Ganze,

Wer das Gehirn eines anderen hat, hat die Macht! Dieses schmeckt köstlich nach mehr! Ihr werdet sehen, danach seid Ihr doppelt so motiviert und stark.

Herzflattern

Johannisbeer-Wackelpudding

Das braucht Ihr

Für den Wackelpudding

1 l Johannisbeernektar

12 Blatt Gelantine

Für die Dekoration

Kunstblut (siehe Seite 088)
Himbeersoße

Gel-Lebensmittelfarbe

Außerdem

spezielle Herz-Kunststoffschale

So wird's gemacht

Für den dunkelroten Wackelpudding zunächst die Gelatine für etwa 10 Minuten in kaltes Wasser legen. Jedes Blatt Gelatine benötigt einen eigenen tiefen Teller mit kaltem Wasser, da sich sonst Klümpchen bilden können. Anschließend leicht ausdrücken und in einem Topf leicht erhitzen. Unter ständigem Rühren schmelzen lassen. Achtung: Die Gelatine darf nicht kochen, da sie sonst nach dem Abkühlen nicht mehr richtig fest wird. Nun den Saft unter ständigem Rühren langsam dazugeben. Gut vermischen, bis sich die Gelatine vollständig mit dem Saft vermischt hat, dauert ca. 1–2 Minuten. Die Masse in die Herzform geben und über Nacht in den Kühlschrank stellen. Am nächsten Tag stürzen. Sollte sich der Wackelpudding nicht aus der Form lösen, die Form kurz in sehr heißes Wasser stellen und dann stürzen. Danach mit selbstgemachtem Kunstblut bestreichen und mit blauer Gel-Lebensmittelfarbe noch einige Arterien aufmalen.

Einfacher geht es mit rotem Wackelpuddingpulver, wobei dort ein bis zwei Tropfen blaue Lebensmittelfarbe die Echtheit des Herzens verstärken. Achtet dabei darauf, dass Ihr den Wackelpudding zum Aufkochen nehmt, da dieser fester wird.

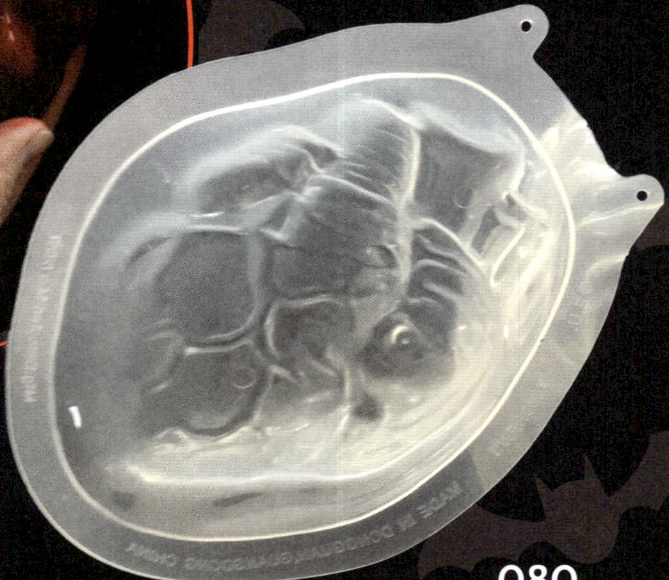

Diese „Herzform" aus hitzebeständigem Kunststoff gibt es im gut sortierten Fachhandel oder übers Internet zu kaufen, sogar zusammen in Kombination mit der „Gehirnform" fürs Rezept auf Seite 078/079.

Herzliches Dessert!

Der tiefdunkle Kunstblut macht aus einem harmlosen Wackelpudding eine blutrünstige Angelegenheit! Eine spezielle Herzform gibt ihm dabei die entsprechende Form.

Butcher's Favorite

Fudge aus weisser Schokolade

Das braucht ihr

Für das Fudge

1 Dose Kondensmilch

1 TL Vanilleextrakt

350 g weiße Schokolade

40 g Butter

1 – 2 EL Kakaopulver

rote Lebensmittelfarbe (Menge nach Bedarf)

So wird's gemacht

Eine 21×21 cm große Auflaufform mit Butter fetten. Den Boden so mit Backpapier auslegen, dass dieses über zwei Seitenwände hinaussteht. Das Kakaopulver mit der Lebensmittelfarbe vermischen und zur Seite stellen.

In einer Edelstahlschüssel Kondensmilch und Vanilleextrakt mischen. Die Schokolade hacken und zusammen mit der weichen Butter dazugeben. Nun die Schüssel auf einen Topf mit heißem Wasser stellen und die Schokoladenmasse über dem Wasserbad unter Rühren erwärmen, ca. 6 bis 8 Minuten, so lange, bis die Schokolade geschmolzen ist. Die Masse sollte dann eine dickliche Konsistenz haben. Aus dem Wasserbad nehmen, die Hälfte der Schokoladenmischung in die vorbereitete Form geben.

In die andere Hälfte das Kakaopulver mit der Lebensmittelfarbe geben und weiterhin bis zum Dicklichwerden der Masse über dem Wasserbad rühren. Die Masse dann ebenfalls in die Form geben und mit einer Gabel unterheben, sodass sich die gefärbten Bereiche zu den ungefärbten schlierenartig einfügen. Die Form dann für mindestens zwei Stunden, am besten über Nacht, in den Kühlschrank stellen. Anschließend mit dem Messer das Fudge von den beiden Seitenwänden lösen und aus der Form heben. Backpapier entfernen und das Fudge auf einem Schneidebrett in beliebig große Würfel schneiden.

Wer wurde hier zerstückelt?

Wie zerschnittenes Fleisch sehen diese Fudgewürfel aus. Wenn Ihr kleine Messer einsteckt, verstärkt Ihr noch den Gruselfaktor.

Bloody Velvet Cake

Rote Samttorte

Das braucht ihr

Für den Kuchenboden
150 g Zucker
200 ml Pflanzenöl
1 TL Vanilleextrakt
3 Eier
220 g Mehl
1 EL Kakao
1 TL Backpulver
1 Prise Salz
170 ml Buttermilch
1 TL Apfelessig
3 EL rote Lebensmittelfarbe

Fürs Frosting
200 g weiche Butter
100 g Puderzucker
½ TL Vanilleextrakt
1 Prise Salz
700 g Frischkäse

Für die Soße
200 g TK-Himbeeren (oder 1 Flasche Himbeersoße für Eiscreme)
1 Fertigfondant-Decke

Außerdem
2 gleichgroße Springformen

So wird's gemacht

Backofen auf 180 °C mit Ober- und Unterhitze vorheizen. Zwei Springformen mit Durchmesser 20 cm einfetten. Zucker mit Pflanzenöl und Vanilleextrakt schaumig schlagen. Eier einzeln unterrühren. Essig einrühren.

Mehl mit Kakao, Backpulver und Salz vermengen und abwechselnd mit Buttermilch unter den Teig rühren. Rote Lebensmittelfarbe hinzugeben. Teig gleichmäßig auf die beiden Springformen verteilen und im heißen Ofen 30 Minuten backen. Dann auskühlen lassen.

Für das Frosting Butter mit Puderzucker, Vanilleextrakt und Salz cremig rühren. Frischkäse unterheben und kaltstellen.

Für die Himbeersoße Himbeeren in der Mikrowelle auftauen, pürieren und durch ein Sieb streichen.

Beide Kuchenböden jeweils horizontal mittig durchschneiden, sodass 4 Böden entstehen. Den ersten Boden mit einer dünnen Schicht Himbeersoße bestreichen. Den zweiten Boden aufsetzen. Mit einem Drittel des Frostings bestreichen. Den dritten Boden auflegen und ebenfalls mit einer dünnen Schicht Soße bestreichen. Dann den letzten Boden aufsetzen.

Torte rundherum mit restlichem Frosting einstreichen. Kalt stellen.

Kurz vor dem Verzehr mit einer Fertigfondant-Decke einkleiden. Ein großes Küchenmesser oder Hackebeil mittig in die Torte stecken. Mit restlicher Himbeersoße besprenkeln und servieren.

Der Killer war schon da!

Nehmt Euch in Acht vor Mackie Messer. Die lange Schneidwaffe und der schwarze Zylinder sind eindeutige Zeichen: Der Killer war schon da! Wer sich nicht abwendet, sondern mutig die Torte anschneidet, wird erstaunt sein, wie lecker diese schmeckt. Sie macht geradezu süchtig. Mackie Messer lässt grüßen!

Brain Cookies

Mürbeteig-Walnuss-Plätzchen

Das braucht ihr

Für den Plätzchenteig (20 Stück)
120 g Mehl
120 g Zucker
120 g weiche Butter
1 Ei

Für die Glasur
100 g Puderzucker
2 EL Wasser
½ TL Zitronensaft

Für die Dekoration
20 Walnüsse
50 ml Himbeersoße

Außerdem
Kunststoffspritze
Plätzchenausstecher in runder Blütenform

So wird's gemacht

Für die Plätzchen Mehl und Zucker in eine Schüssel geben, Butterflöckchen und das Ei hinzufügen, dann alles zusammen zu einem glatten Teig verkneten. Diesen eine halbe Stunde im Kühlschrank kaltstellen. Ofen auf 160 °C vorheizen. Dann Teig auf leicht bemehlter Fläche ca. 5 mm dick ausrollen, mit runden oder blütenförmigen Keksausstechern Kreise ausstechen und auf ein mit Backpapier belegtes Backblech setzen. Im Ofen 8 bis 10 Minuten backen.

Kekse auskühlen lassen. Nun die Glasur anrühren, diese mit einem Backpinsel auf den Keksen verteilen, in die noch feuchte Glasur jeweils eine Walnusshälfte legen. Himbeersoße in einer Kunststoffspritze aufziehen und damit die Kekse bekleckern.

Sehen halbe Walnuss-Kerne nicht aus wie kleine Gehirne? Das könnt Ihr Euch bei diesen Plätzchen zunutze machen.

Blut-Muffins

Red Velvet-Muffins

Das braucht ihr

Für den Teig

1 Ei
150 g Zucker
120 ml Buttermilch
120 ml Rapsöl mit Buttergeschmack
1 Tl Vanilleextrakt
1 Tl Apfelessig
ca. ½ TL rote Gel-Farbe
125 g Mehl
½ TL Salz
½ TL Natron
10 g Kakaopulver

Für die Kunstblut-Füllung (ergibt 50 ml)

10 EL Puderzucker
1TL Kakaopulver
rote Lebensmittelfarbe (am besten Gelfarbe)
etwas Wasser

Für das Topping

500 ml Schlagsahne

Für die Dekoration

weißes Fondant
Gehirnform
6 TL Kunstblut (von der zuvor hergestellten Menge)

Außerdem

Muffin-Backblech
12 schwarze Papier-Muffinförmchen

So wird's gemacht

Für den Teig den Ofen auf 180 °C vorheizen. Die Muffinform mit Papierförmchen auskleiden. Zucker und Ei schaumig aufschlagen. Buttermilch, Öl, Vanille-Extrakt und Apfelessig in einem Behälter gut vermischen. Die rote Lebensmittelfarbe einrühren, bis maximale Sättigung erreicht ist und zum Eier-Zucker-Schaum geben.

Mehl, Kakaopulver, Salz und Natron in einer Schüssel vermischen. Vorsichtig unter die Eiercrème heben und nur solange rühren, bis das Mehl vermischt ist. Den Teig sofort in die Papierförmchen geben und in den Ofen schieben. Ca. 18 Minuten backen oder bis beim Einstecken eines Holzzahnstochers dieser teigfrei aus dem Kuchen kommt. Die Cupcakes sofort aus der Form nehmen und auf einem Gitter abkühlen lassen.

Für die Blut-Füllung Puderzucker und Kakaopulver mit zunächst 1 EL Wasser, danach langsam bis zur gewünschten Konsistenz steigern, miteinander vermischen und mit dem Schneebesen glatt rühren, bis eine zähfließende Masse entsteht. Rote Lebensmittelfarbe nach Bedarf und Farbintensität unterrühren.

Für das Topping Schlagsahne steif schlagen bzw. im Sprühsyphon bereithalten. Dann mit einem Messer in jeden Muffin ein Loch bohren und herausgeholte Teigkugel beiseitelegen. Je einen Löffel voll roter Blutfüllung in jedes Loch geben, ca. 6 TL Kunstblut beiseite stellen für die spätere Dekoration und den Teigklumpen wieder einsetzen. Dann mit der Sahnespritze bzw. aus dem Syphon Sahne aufsprühen. Nun aus dem Fondant Kreise ausstechen, diese auf die Gehirnform drücken, damit sie die Strukturen annehmen, und jeweils einen auf den Cupcake legen, anschließend mit dem übrig gelassenen Kunstblut beschmieren, sodass die Vertiefungen des Gehirnabdruckes besser sichtbar werden.

Nichts für schwache Nerven!

Denn bei diesen Muffins ahnt man Grausiges. Doch keine Sorge. Dass diese leckeren Happen so blutrünstig daherkommen, liegt an der genialen Himbeersoße, die ein köstliches Sahnehäubchen toppt. Und wer reinbeißt, wird nochmal eine blutige Überraschung erleben!

Teufelswerk

Chili-Schoko-Muffins

Das braucht ihr

Für den Muffin-Teig (12 Stück)
100 g Butter
150 g Zucker
2 Eier
100 g Mehl
½ TL Backpulver
1 Messerspitze Natronpulver
1 Messerspitze Salz
75 g Kakaopulver
180 ml Milch
½ TL Vanilleextrakt
1 TL gemörserte Chiliflocken
1 Messerspitze Zimtpulver

Für die Füllung
200 g Kirschen
50 ml Wasser
½ TL Vanilleextrakt
3 EL Zucker
1 EL Speisestärke

Für das Topping
160 g Butter
360 g Puderzucker
ca. 4 EL Milch
1 TL gemörserte Chiliflocken
rote Gel-Lebensmittelfarbe

Außerdem
schwarzes Fondant

So wird's gemacht

Für den Muffinteig Mehl, Kakao, Chili, Backpulver, Natron und Salz in eine Schüssel sieben und alles gut vermischen. Butter, Zucker und Vanille zu einer lockeren Masse verrühren. Eier einzeln unterrühren. Mehl-Mischung und Milch abwechselnd unterrühren und alles zu einem gleichmäßigen Teig verrühren. Teig auf die Muffinförmchen verteilen und bei 175 °C (160 °C Umluft) 25 Minuten backen. Danach gut auskühlen lassen.

Für die Füllung Kirschen entsteinen und vierteln. Mit dem Wasser und der Vanille in einem Topf ca. 10 Minuten köcheln lassen. Mit einem Kartoffelstampfer ein wenig zerdrücken (nicht pürieren). Zucker und Stärke miteinander vermischen und in die Kirschen rühren. Ca. 20 Minuten köcheln lassen bis die Masse eingedickt ist. Aus den Cupcakes Kegel ausschneiden. Den entstandenen Hohlraum mit der Kirschmasse füllen. Von den Kegeln die Spitzen kappen und die so entstandenen Deckel auf die Kirschfüllung legen.

Fürs Topping Butter, Puderzucker, gemörserte Chiliflocken und Lebensmittelfarbe mit dem Mixer zu einer glatten Masse verrühren. Esslöffelweise unterrühren. Topping mit einem Spritzbeutel als kleine Erhebung auf die Muffins spritzen. Für die Dekoration aus schwarzem Fondant je zwei Teufelshörnchen und einen -schwanz formen, diese aufsetzen bzw. drumherum legen.

Teufelei

Die spitzen Hörnchen und der Schwanz machen unmissverständlich klar, diese Muffins sind Teufelswerk!

Bloody Infusion

Alkoholfreier Sprite-Grenadin-Cocktail

Das bringt jeden wieder auf Schwung! Den dunkelroten Grenadinesaft kann sich jeder selbst in die transparente Sprite-Flüssigkeit spritzen! Der alkoholfreie Powerdrink für alle, die zwischendurch mal einen belebenden Kick brauchen!

Das braucht ihr

Fürs Getränk

½ l Grenadinesaft

1 l Sprite

Außerdem

bauchige, nicht zu hohe Trinkgläser

Kunststoff-Aufziehspritzen

So wird's gemacht

Sprite in die Gläser füllen, die Spritzen mit dem roten Grenadinesaft aufziehen und jeweils eine in die Spritegläser stellen.

Black Devil

Schwarzer Wodka mit Pfiff

Das Teufelchen hat bei diesem Getränk eindeutig Spuren hinterlassen. Deshalb ist auch Vorsicht geboten. Nur wer die roten Hörnchen nicht berührt, bleibt von der Schärfe der manchmal heißen, superscharfen Chilischötchen verschont.

Einladungs-Idee

Ihr seid eingeladen in das Haus des Schreckens. Unsere Fledermäuse weisen Euch den Weg.

Das braucht ihr

Fürs Getränk

1 Teil schwarzer Wodka
1 Teil Schwarzer Johannisbeersirup
1 Prise Chilipulver

Für die Dekoration

je 2 rote Chilischoten

So wird's gemacht

Die Flüssigkeiten mixen, auf Wunsch einen Hauch Chilipulver zufügen – Achtung, sehr scharf, in Cocktailgläser füllen und jedem Glas mit zwei von Kernen befreiten Chilischoten Hörner aufsetzen. Achtung, auch diese sind höllenscharf! Am besten beim Kauf auf solche mit wenig Schärfe achten. In jedem Fall beim Umgang Einmal-Küchenhandschuhe anziehen und möglichst beim Trinken die Schoten nicht mit dem Mund berühren. Dieses Getränk ist wirklich nur was für Hartgesottene!

Feiern in Bunt

Einladung
Feier mit
im verwunschenen Haus
19.00
2018
13666 Rabenstadt
HAPPY HALLOWEEN

Verlorene Teufelsaugen

Spagetti mit scharfer Soße

DAS BRAUCHT IHR

Für die Soße
etwas Öl zum Anbraten
2 Zwiebeln
4 Knoblauch
2 Chilischoten
1 EL Tomatenmark
1 TL Honig
etwas Apfelsaft
1 TL Senf
2 Dose Tomaten
1 TL Oregano
½ TL getrockneten Basilikum
½ TL getrockneten Rosmarin
½ TL getrockneten Thymian
2 TL Gemüsebrühe
1 TL Paprikapulver
etwas Salz, Pfeffer

Für die Nudeln
500 g schwarze Bohnen-Spagetti

Für die Dekoration
8 – 10 Glubschaugen

SO WIRD'S GEMACHT

Für die Teufelssoße Zwiebeln schälen und in feine Ringe schneiden. Knoblauch schälen und in kleine Stückchen schneiden. Chilischoten waschen und in dünne Ringe schneiden (Kerne entfernen, ansonsten wird es besonders scharf!). Zwiebeln in etwas Öl anbraten bis sie weich sind, dann Knoblauch und Chilistückchen mit anbraten. Tomatenmark hinzugeben, kurz mitbraten, dann vermischen und mit einem Schuss Apfelsaft ablöschen. Tomaten, Honig und Senf hinzufügen und mit den Gewürzen pikant abschmecken.

In der Zwischenzeit Nudeln in reichlich Salzwasser nach Packungsanweisung al dente kochen. Spagetti in Nester drehen, je ein Glubschauge hineinlegen, Teufelssoße zugeben und gegebenenfalls mit frisch geriebenem Parmesan servieren.

Kotzender Kürbis

Hummus-Brotaufstrich

Das braucht ihr

Für das Hummus (ca. 6 Portionen)

200 g Kürbisfleisch (z. B. von 'Tetsukabuto' oder 'Table Ace')

1 Dose Kichererbsen

40 g Sesammus (Tahin)

20 g Mandelmus

1–2 TL Kreuzkümmel

1–2 Zehen Knoblauch

Salz

1 EL Zitronensaft

Korianderstängel

Sesamöl

Für die Dekoration

1 geschnitzter dunkelgrüner Kürbis mit herunter gezogenen Mundwinkeln (z. B. 'Tetsukabuto')

So wird's gemacht

Kürbis für die Dekoration waschen, Deckel abschneiden, aushöhlen, dabei ca. 2 cm Rand stehenlassen und das Fruchtfleisch ohne die Kerne auffangen. Dann eine Fratze mit herunterhängenden Mundwinkeln einschnitzen.

Vom Fruchtfleisch 200 g abwiegen, dieses kleinschneiden, auf einem Backblech verteilen und im Backofen bei 200 °C Umluft ca. 20 Minuten backen bis es weich ist. Dann auskühlen lassen. Währenddessen die Kichererbsen abgießen und den Knoblauch schälen. Die abgekühlte Kürbismasse zusammen mit den Kichererbsen, Knoblauch, Tahin und Mandelmus in einen Mixer geben und zu einer sämigen Crème pürieren. Ist die Masse noch zu trocken, mit etwas Sesamöl cremiger machen. Das fertige Kürbis-Hummus mit Salz, Kreuzkümmel und Zitronensaft abschmecken und auf Wunsch gehackten Koriander hinzugeben.

Den fertigen Hummus in den ausgehöhlten Kürbis bis Oberkante Unterlippe einfüllen, auf einen flachen Teller setzen und den Dip auch von außen so drapieren, dass er dem griesgrämigen Kürbisgesicht scheinbar aus den Mundwinkeln quillt.

Überwindung braucht es schon, um das zu probieren, was die griesgrämige Kürbisfratze ausgekotzt zu haben scheint. Das ist leckerer Hummus aus Kürbisfleisch, ein Dip, der köstlich zu dem Höllenkohlen-Brot (Seite 074/075) passt.

VERSTECKTE KÜRBISGEISTER

KÜRBIS-LASAGNE

DAS BRAUCHT IHR

Für die Lasagne (4 Portionen)

1 kg Kürbisfleisch (z. B. 'Butternut', 'Crioula Pataka', 'Justynka', 'Pink Jumbo Banana', 'Queensland Blue', 'Silver Bell', 'Star', 'Sonca', 'Sweet Dumpling')
4 Zweige Thymian
4 Schalotten
75 g Butter
60 g Mehl
850 ml Milch
250 g Magerquark
feines Meersalz
frisch gemahlenen Pfeffer
1 ½ TL Chilipulver
2 Scheiben Toastbrot
100 g Kürbiskerne
125 g Mozzarella
250 g Lasagneplatten

Für die Dekoration
Kürbisfleisch

Außerdem
Plätzchenausstecher mit Kürbismotiv

SO WIRD'S GEMACHT

Kürbis halbieren, schälen, das Fruchtfleisch entkernen und in dünne Scheiben schneiden. Thymian abspülen, trocken schütteln und fein hacken. Schalotten abziehen und fein würfeln.

60 g Butter in einem mittelgroßen Topf zerlassen. Schalotten und Thymian hinzugeben und kurz braten. Das Mehl hinzufügen, dabei kräftig rühren und etwa 1 Minute andünsten. Die Milch nach und nach dazu gießen und dabei mit einem Schneebesen glattrühren. Aufkochen und unter Rühren etwa 3 Minuten köcheln lassen. Vom Herd nehmen und den Quark einrühren. Die Soße mit Salz, Pfeffer und mit Chilipulver würzen.

Den Backofen auf 200 °C Ober- und Unterhitze (Umluft 180 °C) vorheizen.

Das Brot toasten und fein würfeln. Kürbiskerne in einer Pfanne ohne Fett rösten. Brotwürfel sowie die Hälfte der Kürbiskerne mischen und beiseitestellen. Mozzarella in Scheiben schneiden.

Lasagneplatten, Kürbisscheiben, restliche Kürbiskerne und die Soße in eine eckige Auflaufform (etwa 2 l Inhalt) schichten. Dabei zwischendurch mit Salz und Pfeffer würzen. Mit Mozzarella, Soße und Kürbis abschließen. Kürbiskernbrösel darüber streuen. Restliche Butterflöckchen darauf verteilen.

Die Lasagne mit Alufolie abdecken und im Ofen etwa 45 Minuten backen. Die Folie nach 30 Minuten abnehmen und die Kürbislasagne in den letzten 15 Minuten goldbraun überbacken.

Für die Dekoration: Kürbisfleisch in ca. 0,5 cm dünne Scheiben schneiden. Mit Ausstecher Kürbisgesichter erstellen und diese auf der Lasagne dekorieren.

Die lächeln einen an!

Die Gesichter aus Kürbisfleisch machen aus dieser speziellen Lasagne ein echtes Halloween-Genusserlebnis.

Kakerlaken Invasion

Gefüllte Datteln

Das braucht ihr

Für die gefüllten Datteln

1 Packung entkernte Datteln

1 Packung Frischkäse (beliebige Geschmacksrichtung)

1 Tasse gehackte Pecannüsse

1 TL Ahornsirup

5 Stängel Schnittlauch

Für die Dekoration

5 Stängel Schnittlauch

20 Kunststoff-Kakerlaken

So wird's gemacht

Frischkäse, Nüsse und Ahornsirup miteinander vermischen und in die längs halb aufgeschnittenen Datteln geben. Die Kunststoff-Kakerlaken auf dem Teller zwischen den Datteln verteilen. Um das Auge zu irritieren, den kurz geschnittenen Schnittlauch darüber streuen.

Das große Krabbeln

Da kommen sie – die Kakerlaken. Und das gleich im ganzen Schwarm! Aber keine Sorge. Hier haben sich nur ein paar Kunststofftierchen zwischen die täuschend echt aussehenden, gefüllten Dattelfrüchte geschlichen. Und die sind so lecker, dass alle Halloween-Fans hiervon gar nicht genug bekommen können.

Teuflische Eierbrut

Russische Eier

DAS BRAUCHT IHR

Für die Eier (ca. 6 Portionen)
6 braune Eier
2 EL Mayonnaise
1 EL mittelscharfen Senf
1 TL Tabasco
1 Prise Salz
1 Prise Pfeffer
½ Bund Schnittlauch
2 TL Chilipulver
grüne Lebensmittelfarbe nach Wunsch

Für die Dekoration
blaue Lebensmittelfarbe
½ Paprikaschote

SO WIRD'S GEMACHT

Eier hart kochen. Dann mit blauer Lebensmittelfarbe eine gesättigte Lösung anrühren, die Eier leicht anschlagen und heiß hineinlegen. Ca. 5 Minuten in dem Färbebad abkühlen lassen, so entstehen die Craquelees auf den Eiern. Diese anschließend pellen, halbieren und Eigelb vorsichtig herausnehmen und in eine Schüssel geben. Dann zerdrücken und mit Mayonnaise, grüner Lebensmittelfarbe und Senf verrühren. Mit Tabasco, Pfeffer, Chilipulver und Salz würzen und abschließend den gewaschenen sowie gehackten Schnittlauch dazumischen. Die Eihälften mit der Masse befüllen. Für die Dekoration Paprikaschote in kleine Würfel schneiden und Eier damit bestreuen.

Wer dem Teufel diese Eier stibitzt, wird zum Dauerdieb – so lecker sind sie!

Fratzengeblubber

Kürbiskern-Pesto

Das braucht ihr

Fürs Pesto (4 Portionen)

240 g Kürbiskerne

200 ml Kürbiskernöl

3 Knoblauchzehen

4 TL getrocknetes Basilikum oder ein paar frische Blätter

2 – 3 TL Salz

Für die Dekoration

1 geschnitzter orangefarbener Kürbis mit weit offenem, ovalem Mund (z. B. 'Wee-B-Little' oder 'Field Trip')

So wird's gemacht

Das Kürbiskernbrot entsprechend der Anleitung auf Seite 034 zubereiten und zu den Fledermausformen ausstechen.

Kürbis für die Dekoration waschen, Deckel abschneiden, aushöhlen, dabei ca. 2 cm Rand stehenlassen. Das Fruchtfleisch ohne die Kerne auffangen und für ein anderes Gericht verwenden. Dann eine Fratze mit weit offenem, ovalem Mund einschnitzen.

Für das Pesto Kürbiskerne in einer Pfanne ohne Öl anrösten. Knoblauchzehen pellen, kleinschneiden und zusammen mit den gerösteten Kernen und anderen Zutaten in einem Mixer oder mit dem Pürierstab zu einer feinen Masse verarbeiten.

Den geschnitzten Kürbis auf einen flachen Teller setzen und das Pesto bis zur Mitte des offenen Mundes einfüllen, sodass es auch aus dem Mund des Kürbisgesichts herausfließt. Dieses zu dem Fledermausbrot reichen.

Nachtschwärmer scheinen dieses ölig-glänzende Pesto zu lieben, Kürbisfratzen eher nicht. Dabei passt es prima als Aufstrich zum Kürbisbrot (Rezept auf Seite 034) in Fledermausform oder zu Nudeln. Wer es probiert, wird begeistert abheben. Vielleicht als Fledermaus?

Mumifizierte Jalapeños

Spitzpaprika in Blätterteig

Das braucht ihr

Für die Jalapeños
10 kleine Spitzpaprika
250 g Frischkäse (gerne Chili)
250 g geriebenen Käse
1 Knoblauchzehe
Salz, Pfeffer
1 Frühlingszwiebel
Fertig-Pizzateig (TK)

Für die Dekoration
Zuckeraugen
Zuckergussstift

So wird's gemacht

Ofen auf 180 °C vorheizen und ein Backblech mit Backpapier auslegen. Spitzpaprika waschen, halbieren und entkernen. Frühlingszwiebel in kleine Streifen schneiden. Knoblauch klein schneiden. Frischkäse, Salz, Pfeffer, Knoblauch, Frühlingszwiebel und geriebenen Käse vermischen. Spitzpaprika mit der Mischung befüllen. Pizzateig ausrollen und mit einem Pizzaroller oder Messer in schmale Streifen schneiden. Die Spitzpaprika damit umwickeln, dabei Stielansatz oben herausschauen lassen und ggf. einen schmalen Streifen für die Augen frei lassen. 10 – 12 Minuten backen. Auf die noch warmen Mumien die Zuckeraugen mithilfe des Zuckergusses aus dem Stift kleben.

Wie verhuschte, kleine Geisterkinder schauen sie einen an. Aber wehe, man erwischt sie und beißt hinein, dann wünscht man sich mehr. Denn lecker und überraschend köstlich munden sie!

Versunkene Hexe

Vegane Avocado-Schoko-Muffins

DAS BRAUCHT IHR

Für den Teig (12 Stück)
300 g Mehl
50 g Kakaopulver
1 TL Backpulver
1 TL Natronpulver
1 reife Avocado
150 ml Ahornsirup
5 EL Sonnenblumenöl
100 ml Mandelmilch
6 EL Apfelmus ohne Stücke

Fürs Frosting
150 g vegane Zartbitter-Kuvertüre
100 ml Mandelmilch

für die Dekoration
12 Schokokekssticks mit geringeltem Überzug
12 Schokokekssticks mit Schokoübezug
Fondant in Blau, Grün, Weiß und Schwarz

Außerdem
Muffin-Backblech
12 Papier-Muffinförmchen

SO WIRD'S GEMACHT

Mehl, Kakao-, Back- und Natronpulver mischen. Avocado halbieren, Kern entfernen und Fruchtfleisch aus der Schale lösen. Fruchtfleisch, Sirup, Öl und die Mandelmilch pürieren. Mit Apfelmus zur Mehlmischung geben und zu einem glatten Teig verrühren.

Die Mulden eines Muffinblechs fetten und mit Förmchen auslegen. Teig hineinfüllen. Im vorgeheizten Backofen bei 175 °C (Umluft 150 °C) 15 – 20 Minuten backen. Herausnehmen und auskühlen lassen. Für das Frosting Kuvertüre hacken. Mandeldrink erhitzen, Kuvertüre darin schmelzen lassen. Den Schokoguss dickflüssig abkühlen lassen und mittels Spritzbeutel mit Zackentülle auf den Muffins verteilen und fest werden lassen.

Für die Dekoration aus schwarzem Fondant einen Hexenhutformen formen, mit einem dünnen blauen Fondant-Streifen umlegen und mit kleinem grünen und blauen Fondant-Rechteck die Schnalle gestalten. Für die Hexenfüße Schokokeksstick mit geringeltem Überzug halbieren und jeweils ein aus schwarzem Fondant geformten Hexenschuh aufsetzen. Sticks seitlich in das Frosting stecken. Für den Hexenbesen aus weißem Fondant längliches Rechteck formen, dieses von einer Längsseite dicht an dicht einschneiden und mit der gegenüberliegenden Längsseite um das Ende eines Schokokeksticks mit Schokoüberzug wickeln. Die eingeschnittenen „Besenhaare“ ein wenig auseinander drücken und den Hexenbesen ebenfalls in den Muffin stecken.

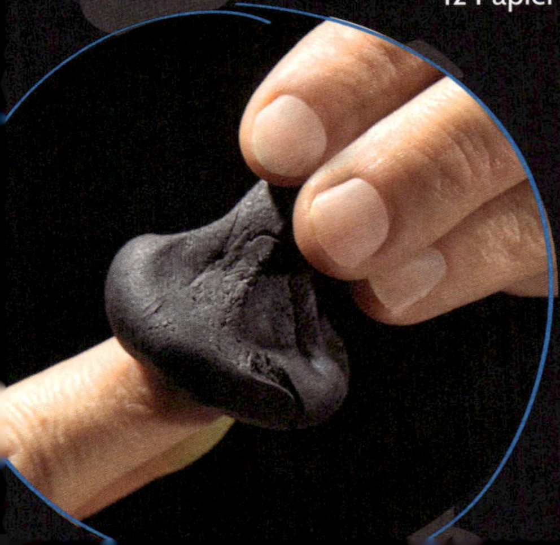

Kopfüber

... ist hier Hexe Melisandre von Burg Drachenstein im Schokosumpf verschwunden, wie unschwer ihre strampelnden Beine kundtun. Ihren Hexenbesen hat sie samt Hexenhut im Diesseits zurückgelassen. Simsalabim, dreimal schwarzer Kater, wer beißt zuerst in diesen Muffin?

Gekochter Krötenschleim

Pikante Ahornsirup-Speck-Muffins

Das braucht ihr

Für den Teig (12 Stück)
100 g Speck
2 Eier
150 g Zucker
125 ml Öl
125 ml Milch
250 g Mehl
1 TL Backpulver
½ TL Natron
2 EL Ahornsirup
100 g gehackte Walnüsse

Für das Frosting
120 g Butter
50 g Puderzucker
50 ml Ahornsirup
120 g Doppelrahmfrischkäse
grüne Lebensmittelfarbe

Für die Dekoration
12 Kunststoff-Hexenkessel
blaue Lebensmittelglitzerstreu

Außerdem
Muffin-Backblech
12 Papier-Muffinförmchen

So wird's gemacht

Speck in feine Streifen schneiden und in der Pfanne ohne Fett kross anbraten. Auf einem Küchenpapier abkühlen lassen, dann in feine Würfel schneiden. Eier mit Zucker cremig aufschlagen, Öl in einem feinen Strahl einfließen lassen und weiter schlagen. Mehl mit Backpulver und Natron mischen, abwechselnd mit der Milch zum Teig geben und unterrühren. Walnüsse hacken und mit dem Ahornsirup und den Speckwürfeln unterheben. Muffinblech fetten, mit Papierförmchen bestücken und auf die 12 Mulden verteilen. Im vorheizten Ofen bei 180°C etwa 25 Minuten backen, abkühlen lassen, dann in die Hexenkessel stellen.

Fürs Frosting Butter mit Puderzucker aufschlagen bis die Crème fast weiß ist. Ahornsirup, Lebensmittelfarbe und Frischkäse nach und nach unterrühren. Die Crème in die Ecke eines Kunststoff-Gefrierbeutels füllen, die Spitze abschneiden und durch Drücken einen dickeren Strang herauspressen, mit diesem die Muffins schlaufenartig überziehen und zum Schluss blaues Glitzerstreu drübergeben.

Die Cupcakes schmecken am nächsten Tag, wenn der Speck schön durchgezogen ist, noch besser!

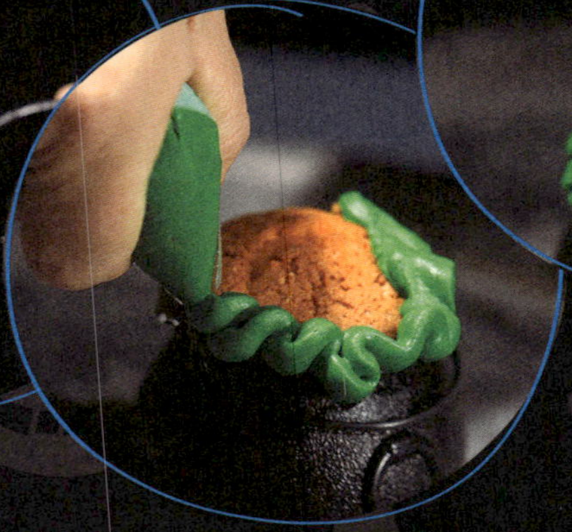

Hier brodelts, stinkts und blubberts

Im schwarzen Kessel der Hexe kocht gerade der eklig grün-blau schimmernde Krötenschleim hoch. Aber keine Angst, unter der gefährlich aussehenden Oberfläche findet sich ganz harmlos ein leckerer Muffin.

Spooky sweetly Devils

Green-Matcha-Tea-Muffins

DAS BRAUCHT IHR

Für den Teig (12 Stück)
1 Bio-Zitrone
1 EL Matcha-Teepulver
200 g weiche Butter
200 g Zucker
etwas Salz
4 Eier
150 g Mehl
50 g Mandeln
10 g Backpulver
grüne Lebensmittelfarbe
50 g weiße Schokolade gehackt
3 EL getrocknete Cranberrys

Für die Dekoration
hellblauen und hellgrünen Fondant
24 Zuckeraugen
Zuckergussstift

Außerdem
Muffin-Backblech
12 Papier-Muffinförmchen

SO WIRD'S GEMACHT

Zitrone heiß waschen und Schale dünn abreiben. Dann den Saft auspressen, diesen aufkochen und Teepulver einrühren. Butter, Zucker, Zitronenschale und Salz mit dem Schneebesen des Handrührgerätes cremig rühren. Eier einzeln unterrühren. Mandeln mahlen, dann mit Mehl und Backpulver mischen und abwechselnd mit der Zitronensaftmischung in die Eier-Fett-Masse einrühren. Dann Cranberrys und weiße Schokoladenstückchen unterheben.

Muffinblech fetten, mit Papierförmchen bestücken und den Teig auf die 12 Mulden verteilen. Im vorgeheizten Backofen bei 200 °C (Umluft 180 °C) 30 – 35 Minuten backen.

Für die Dekoration jeweils den grünen und blauen Fondant in eine Knoblauchpresse einfüllen und durch Drücken die Muffins mit dünnen Wülsten überziehen. Aus dem Fondant die Hörnchen und Nasenspitzen formen und jeweils in der anderen Farbe auf die Muffins setzen. Zum Schluss die Augen mit etwas Zuckerguss aus dem Stift aufbringen.

Haarig und pelzig

Die haarige Verkleidung der beiden Teufelchen wird mithilfe von Lebensmittelfarbe und einer Knoblauchpresse gemacht.

Versunkene Augen

Zitronenbrause-Cocktail

Das braucht ihr

Für den Cocktail (2 Gläser)
0,7 l Zitronenbrause, z. B. Sprite
8 – 12 Oliven mit Paprikafüllung

Für die Dekoration
50 g Kristallzucker
blaue Lebensmittelfarbe

Außerdem
Gefrierschale für runde Eiskugeln

So wird's gemacht

Am Vortag jeweils eine Olive in die kugeligen Fächer der Gefrierschale legen, mit Zitronenbrause auffüllen und für mindestens 6 Stunden ins Gefrierfach geben.

Vor dem Servieren den Zucker für den farbigen Zuckerrand mit der Lebensmittelfarbe mischen. Den Rand der Trinkgläser leicht mit Wasser anfeuchten und in den gefärbten Zucker tauchen. Dann vorsichtig 2 – 3 gefrorene Eis-Oliven-Kugeln in jedes Glas geben, mit gekühlter Zitronenbrause auffüllen und servieren.

Somebody is watching you!
Unheimlich kann es einem schon werden, wenn man sich von diesen Olivenaugen beobachtet fühlt!

Brain-Cocktail

Pfirsich-Cream-Drink

DAS BRAUCHT IHR

Für den Drink (pro Glas)
60 ml Pfirsichschnaps
30 ml Irish Cream
1 TL Grenadine Sirup

SO WIRD'S GEMACHT

Zuerst den Schnaps in ein Glas füllen. Danach langsam den Sirup eingießen und sich setzen lassen oder mit einer Spritze den Sirup direkt an den Glasgrund spritzen. Abschließend die Irish Cream vorsichtig über einen umgedrehten Teelöffel einlaufen lassen. Dieser mischt sich aufgrund seiner sahnehaltigen Konsistenz in dem Schnaps zu der grisseligen, wie Gehirn aussehende Masse. Wird alles vorsichtig eingeschenkt, entstehen die drei verschiedenen Schichten, die dieses Getränk optisch ausmachen.

Zombiegruß

An Krötenschleim und Blutsuppe lässt dieses Gebräu denken. Doch wer erst einmal daran genippt hat, wird den Brain-Cocktail zu seinem Lieblingscocktail erwählen. Aber Vorsicht: Der Alkoholanteil dieses Zombiegetränks ist nicht zu unterschätzen!

Fledermausschablone

Download

Ihr könnt Euch die Fledermaus-schablone entweder aus diesem Buch herauskopieren oder unter folgendem Downloadlink die Schneidevorlage runterladen.
www.blooms.de/halloweenvorlagen

Vorlagen Kürbisfratzen

vollständig durchstochen

oberflächlich abgetragen

Vorlagen Figuren

Download

Die Muster findest Du hier auch downloadbar als Druck-pdf.
www.blooms.de/halloweenvorlagen

Dìas de los Muertes

Die Feier des Lebens und des Todes

Dìas de los Muertes und Halloween sind weitläufig verwandt. Diese Tage unterscheiden sich jedoch seitens ihrer Tradition und Atmosphäre vollständig.

Der Dìas de los Muertes hat seinen Ursprung in Mexiko, wobei er mittlerweile in ganz Lateinamerika gefeiert wird. Das Fest ist mehrere tausend Jahre alt und durch die Azteken und andere Völker entstanden. Sie empfanden das Betrauern der Toten als respektlos. Aus ihrer Sicht sind das Sterben und der Tod nur eine natürliche Phase des Lebens. Die Verstorbenen bleiben für sie weiterhin ein Teil der Gemeinschaft, solange man an sie denkt und ihre Namen nennt.

Während des Dìa de los Muertes kehren die Verstorbenen, freudig erwartet, zeitweise in die lebende Welt zurück. Die Altäre (Ofrenda) sind von größter Bedeutung. Sie sind reichlich mit Gaben ausgestattet, um die Geister der Toten im Reich der Lebenden willkommen zu heißen. Es werden Blumen vom Altar bis zum Grab verstreut, um die besuchenden Seelen zurück zu ihren Ruhestätten zu geleiten.

Das Fest selbst erstreckt sich über drei Tage, vom 31. Oktober bis zum 2. November. Es ist eine Explosion von Farben und lebensbejahender Freude. In diesen drei Tagen erweist man seinen verstorbenen Familienmitgliedern Liebe und Respekt. Es ist ein berauschendes Fest mit Umzügen, Gesang, Tanz und gutem Essen.

Ich Danke …

… meinem Mann Carsten Busch, der all meine verrückten Ideen trägt, mir den Rücken freihält und mich immer unterstützt.

… meinen Kindern Joshua und Aaron, die all mein Chaos leben, mich bereichern und, wo sie können, mit anfassen. Ohne Euch drei Männer hätte ich dieses Buch niemals in den Händen.

… Ute und Volker Ligges (www.hof-ligges.de). Ihr gebt mir den Raum, meine Geschichten zu erzählen, meine Kreativität entfalten zu können und das Gefühl, ein Teil von etwas Wunderbarem zu sein.

… meiner Mutter, Antje Küppers de Reyes, und meiner Schwiegermutter, Marlies Busch. Ihr seid einfach da, wenn ich Euch brauche.

… René Wimmer, für unsere unvergleichliche Freundschaft.

… meinen Freunden: Annette und Ralf Dollenkamp, Anja und Holger Klingelhöfer, Katja und Thomas Smolarczyk, Stephanie und René Tönnes, Simone, Elke und Emmelie Wienhöfer. Mit Euch sind oft ein paar Stunden zusammen so erholsam wie zwei Wochen Urlaub.

… Ninja Bruckelt für die Erstellung der großartigen kreativen Einladungskarten zum Halloween-Fest.

… Hella Henckel, Adriani Schmidt und dem BLOOM'S DECO-Team (www.blooms.de). Ihr habt meinem Traum eine Realität geschenkt. Eure offene Begeisterung und Freude machen dieses Buch zu mehr als bloße Seiten.

… Nadine Richter (scholale) für die Unterstützung bei der Zubereitung der Gerichte, wie Kürbisbrötchen, Kürbisbutter, Salsa und Fledermausflügel.

… Ingo Neumann (ingo_neumann_photography), für die ergänzenden Bildmotive.

… Simone und Elke Wienhöfer für Eure großartige Unterstützung beim Plottern.

Allen lieben Dank, Eure Hexe Olga (pumpkin_hexe)

Impressum

Herausgeber
BLOOM's GmbH, Ratingen, www.blooms.de
Idee, Konzeption, Styling
Olga Reyes-Busch
Hella Henckel

Redaktion, Text
Hella Henckel/BLOOM's

Fotos
Alexander Heide, René Deppe/BLOOM's
Außer: Fotos auf vorderer Umschlaginnenseite, Seiten 001, 004, 020, 021, 030, 031, 042, 050, 051, 052/053, 058, 059, 072/073, 094/095, 095, 115, 120, 121, 122 von Lina Mehlhorn

Grafikdesign
Adriani Schmidt/BLOOM's

DTP
Gordian Jenal/BLOOM's

Druck
D+L Printpartner, Bocholt

Am Potekamp 6, 40885 Ratingen
T 02012 9644-0, F 02102 896073
E-Mail: info@blooms.de, Internet: www.blooms.de

1. Auflage 2019, ISBN 978-3-96563-021-5